藝　文　叢　刊

澹生堂藏書約 外五種

〔明〕祁承㸁　等著

郭大帥　點校

浙江人民美術出版社

圖書在版編目（CIP）數據

澹生堂藏書約 ： 外五種 / （明） 祁承㸁等著 ； 郭大帥點校. -- 杭州 ： 浙江人民美術出版社，2025. 1.
(藝文叢刊). -- ISBN 978-7-5751-0402-9

Ⅰ. G259.29

中國國家版本館CIP數據核字第2024V0F194號

藝文叢刊
澹生堂藏書約（外五種）
〔明〕祁承㸁 等著　郭大帥 點校

責任編輯：霍西勝
責任校對：張金輝
責任印製：陳柏榮

出版發行　浙江人民美術出版社
（杭州市環城北路177號）
經　　銷　全國各地新華書店
製　　版　浙江大千時代文化傳媒有限公司
印　　刷　杭州高騰印務有限公司
版　　次　2025年1月第1版
印　　次　2025年1月第1次印刷
開　　本　787mm×1092mm　1/32
印　　張　4.75
字　　數　93千字
書　　號　ISBN 978-7-5751-0402-9
定　　價　36.00圓

點校説明

藏書是人間至韻事、至樂事，如何守護、保藏、傳承辛苦購求的書籍，又是擺在藏書家面前的至難事。他們或與子孫約，或與朋友約，或與其他藏書家約，或與生徒約，試圖以約訓的形式爲藏書作出長久的安排。本此旨趣，本書收書六種：《澹生堂藏書約》《藏書記要》《流通古書約》《古歡社約》《藏書十約》《書藏四約》。

《澹生堂藏書約》一卷，祁承㸁撰。祁承㸁（一五六二—一六二八），字爾光，號夷度，又稱曠翁、密士，浙江山陰（今紹興）人。明萬曆甲辰（一六〇四）進士，官至江西右參政，著有《澹生堂集》《澹生堂藏書目》等。書中祁氏回顧了自己讀書、藏書生涯中的點滴，分聚書、讀書、藏書等教導子孫，末附《庚申整書小記》《庚申整書略例》，爲祁氏帶領子孫整理藏書的具體實踐。該書有明刻本、《知不足齋叢書》本、《紹興先正遺書》本、《藕香零拾》本等，此次整理，《澹生堂藏書約》以國家圖書館藏明刻本爲底本，校以南京圖書館藏稿本、上海圖書館藏抄本，《庚申整書小記》《庚申整書略例》校以南圖藏稿本、國家圖書館藏宋氏漫堂抄本。

《藏書記要》一卷，孫從添撰。孫從添（一六九二—一七六七），字慶增，號石芝，江蘇常熟人。善醫，性嗜書，所著有《上善堂原本精抄書目》《石芝醫話》等。《藏書記要》一書分購求、鑒别、抄録、校讎、裝訂、編目、收藏、曝書八則，詳細分享了作者的藏書心得。有《士禮居叢書》本、《昭代叢書》本、《藕香零拾》本等。此次整理，以國家圖書館藏周星詒題識《士禮居叢書》本爲底本，校以《藕香零拾》本。

《流通古書約》一卷，曹溶撰。曹溶（一六一三—一六八五），字秋岳，號倦圃，浙江秀水（今嘉興）人。明崇禎十年（一六三七）進士，官至御史，入清任户部侍郎、廣東布政使等職。平生喜收宋元人文集，有藏書樓曰「静惕堂」。《流通古書約》旨在促進藏書家之間互通有無，資源共享。此次以《藕香零拾》本爲底本整理。

《古歡社約》一卷，丁雄飛撰。丁雄飛（一六〇五—？），字菡生，南京江浦人，藏書處名心太平庵。其與好友黄虞稷訂立古歡社約，分日往還，相互借讀、利用藏書。此次以《藕香零拾》本爲底本整理。

《藏書十約》一卷，葉德輝撰。葉德輝（一八六四—一九二七），字焕彬，號直山、郋園等，湖南湘潭人。近代著名藏書家、版本目録學家。該書分購置、鑒别、裝潢、陳列、抄補、傳録、校勘、題跋、收藏、印記十約，詳述葉氏購求、保藏、鑒别、整理典籍的經驗，較前人更爲完備細緻。此次以葉氏觀古堂刻本爲底本整理。

《書藏四約》，又名《豐湖書藏四約》，一卷，梁鼎芬撰。梁鼎芬（一八五九—一九一九），字心海，號節庵，廣東番禺人。光緒六年（一八八〇）進士，歷掌豐湖、端溪、廣雅、鍾山書院。此書爲梁鼎芬講學豐湖書院時所訂立的藏書管理制度，分借書、守書、藏書、捐書四約。此次以中國國家圖書館藏光緒刻本爲底本整理。

目録

澹生堂藏書約

〔明〕祁承㸁 撰

祁爾光澹生堂藏書訓約序〔一〕

司馬公曰：「積金以遺子孫，子孫未必能守；積書以遺子孫，子孫未必能讀。」程伯子亦云：「翫物喪志。」予以爲非通論也。貧於金可，貧於書不可，書非金也。孔子可疏食，可水飲，而刪述六經，韋編三絶，至老矻矻。故莊生謂：「孔子西藏書於周室。」翫物誠喪吾志，非物也而翫之，何志之喪？書非物也，孔子多聞而從，多見而識，從且識，志氣如神。故《易》謂：「多識前言往行，以畜其德。」孔子之教子孫也，非道德，則《詩》、《書》。語子思曰：「心之精神之謂聖。」教以道德也。語伯魚曰：「不學《詩》、《禮》，無以立，無以言。不爲二南，則面墻。」教以詩書也。不盡捐書也，故能得學《詩》、學《禮》之子，又能得《中庸》之孫，則積書何負於人家哉？此祁爾光使君所以有《藏書約訓》也。予因之縱論宇宙，自有書契以來，羣玉之山，先王有策府；崑崙之椒，王母有竹簡素絲；周外史有三墳、五典、九丘、八索之書。《書》西序、東序有《大訓》、《河圖》之書，《禮》有瞽宗、上庠之書。秦灰後漸消歇，漢武始開獻書之路，建藏書之策，置寫書之官。至成、哀間，聚書三萬三千餘卷，得一淮南、河間、中壘，便是赤帝龍帑。梁初堇二萬三千卷，元帝增至七萬餘卷。雖遭江陵之亂，而蕭氏入唐，八葉拜相，便是蘭陵鳳跂。隋嘉則殿實有書三萬七千卷，至唐開元，博集羣書，增至八萬九千卷，經藉大備。即玄、文二主，已自能詩，適之、端卿、吉甫、文饒，皆李氏子孫能讀者。宋建隆初，僅萬餘卷，及平諸國，得蜀書一萬三千卷、江南書三萬餘卷，共五〔二〕萬六千餘卷。至紹興喪亂，見在書猶四萬四千餘卷。微獨高、孝能文，即德麟、景貺、汝愚輩，皆趙氏子孫能讀者。雖然，此猶曰天家秘閣也。李鄴侯架插三萬軸，而子緐世封於鄴，爲隨刺史。歐陽永叔聚書萬卷，而子棐能讀父書，爲世清卿。曾子固聚書二萬卷，而弟肇、姪紓以文章翰墨冠冕江右。杜暹聚書萬卷，祈子孫讀之以知聖教。丁顗置書八千卷，且曰：「吾聚書多矣，必有好學者爲吾子孫。」由是言之，父兄患書不聚耳，未有書聚而子孫不慧者。杜、丁二氏信之確，司馬、伯子計之過矣。祁使君以士紳之家，聚書至三萬卷，其教子孫曰：「能讀者，以一人盡居之；不能讀者，以衆人遞守之。」盡其力聚書，而以能讀、不能讀俟之天，此善聚善教之方也。予不佞，宦涂四十年，車跡幾遍天下，兩度七閩，六載秣陵，四年虎林，三年成都，皆可聚書地，篋中亦不下萬卷，分貯四子。歸田後，請大藏内府，又六千卷，共藏梵閣。會使君來守吉州，相與登閣劇談之，而更以《約訓》屬予一言。使君子弟，吾子弟也，庭訓已悉，羣公誠言亦庬，予復何言？第聞大家子弟，鳳毛麟趾，不患不讀，患不善讀，善讀之，則爲鯀、爲棐、爲肇、爲紆；不善讀之，則爲趙之括、爲劉之歆、爲王之處仲、爲謝之靈運。是在吾兩家子弟自擇之耳。

萬曆丙辰五月五日，治生泰和郭子章撰。

校勘記

〔一〕稿本、抄本「爾光」下衍「公祖」二字。

〔二〕底本「五」作「三」，據稿本、抄本改。

題　辭〔一〕

題澹〔二〕生堂藏書約册

山陰爾光祁子，篤信慕古，博洽羣書，所聚至萬餘卷，備自珍惜，且將藏以俟後，諄諄命之，戒令勿墜。或有疑曰：「得無戾司馬氏之訓乎？」予曰：不然。《易》稱「多識前言往行以蓄德」，欲積德，匪讀書何從入？此「積德」二字，即從書來，訓辭亦書類也。遺之未能讀，未至損志而益過。能讀則取益自宏貽謀者，能無意耶？雖然，能讀之中，更自有等。循文守義者，次也；得意在語言文字之外者，上也。吾嘗謂：讀書窮理，猶飲食養生，日用饔飧，自不可廢。然而明道有喪志之譏者，猶飲食之人云耳。故食在知味，書在通微，中真有唇脗不能宣，方册不能載，而慈父不能傳者。即書非書，默契而已。證此，方謂之能讀書。祁子與予談名理，悟徹已深，所藏者書，而所以藏者不盡于書。其所期于後人者甚遠，故予爲引其端。

萬曆癸丑重陽日，友人剡城周汝登書。

題祁爾光藏書約〔三〕

余識夷度未第時，志已不後古人。兩令劇邑皆治辦，顧郎南曹。夷度之郎南曹，正夷度之古處也。生平無閒劇，手一卷不置。規方畝爲密園，園有堂，顔曰「澹生」，庋書其中。爲之《約訓》，以示其子姓，間舉似余曰：「聊以識吾志爾。」余擘之憮然，先司空則亦有藏書，率手自裝潢，晚亦有書目，目十有二部，園顔「樸」，樓顔「玩易」。今不肖，於十二部何如，且無慮十二部，其於以玩易亦稍有參伍否？生平亦無閒劇，無時廢書，然較是語焉不詳，習焉不察，轉以此自傷父母心。當箸廢食，還饒一把汗。故知藏書難，爲藏書家子姓更難。必也藏器於身，夫袚袺襘禕之屬，非身也，而形而下者，皆謂之器，書亦器也。然能爲不括之藏者，莫書若也。吾知夷度有深于藏者矣，形偶今人而超然與古爲徒。斯志也，雖世世萬子孫可述而識也。

萬曆乙卯秋九月，太樸之子沈淮書。

題祁爾光藏書約〔四〕

夏官祁爾光家蓄書數萬卷，爲《訓約》，貽子孫。凡四則，曰讀書、曰藏書、曰購書、曰鑒書，采古人遺言、遺事實之，詳矣。余聞之秦淮海云：「少時讀書，一見輒誦，暗疏亦不甚失。然負此自放，喜從滑稽酒人游，旬朔之間，把卷無幾日。故雖有强記之力，而常廢于不勤。比來悔前所爲，聰明衰耗，不如曩時，每閱一事，必尋繹數終，掩卷茫然。故雖有勤苦之勞，而常廢于善忘。」爾光自少逮壯，即研精問學。所居官當孔道，應酬日不暇給，手披口誦，未嘗暫歇。訪求鈔寫，不遺餘力。杯酒談笑中，莫非論辯咨詢之地。是以操觚染翰，出入今古，爲一時詞宗。蓋自昔文章之士，博聞强記，未必能兼，兼之者又未必善作，爾光有三焉。謝公不云乎？「我常自教兒」，此訓之所不載，余并識于末簡。

大泌山人李維楨本寧父。

題祁爾光藏書約〔五〕

爾光嗜書成癖，張肅之初不相知，謂城西梅市有窮措大，節縮饔飧，開園市書，以爲怪。夫貧士力不能搆園，分不當購〔六〕書耶？古來惟貧士致書甚難〔七〕，嗜書彌篤，讀書亦彌廣。何則？貧士見書，如餓見食，染指于鼎，嘗之而甘，不盡不止。故惟貧士能讀書，富貴者不能，彼不知書味耳。爾光通籍十年餘，蕭然一貧士。余未知密園何狀，然一畝之宫，千門萬户，度亦貧女巧梳頭耳。獨藏書一事，性命以之，以貧購書，復以購書故益貧，欲不爲窮措大，得乎？讀爾光《藏書約》，用盡一生心力，聚此〔八〕良苦，諸郎想見爾光丁寧告戒、欷歔欲涕之狀，固宜世其家學矣！范文正公既貴，夫人猶不忘帳頂燈烟墨色。諸郎異日即鵲起，亦無忘窮措大舊時虀鹽風味。世間豪傑聖賢，皆窮措爲之也。若夫藏書、讀書之法，爾光言之盡矣。

年弟楊鶴敬題。

澹生堂藏書約訓題辭

昔人云：「今人出語不奇秀，蓋胸中無百字成誦書耳。」若人讀書，耑以全副精神付之，尚作此語，其視今人，又當何如？趙宋刻書尚少，子瞻手抄《漢書》，每至四五過，使人舉三字、兩字，後損至一字，輒能諷記如流。乃當梨棗極盛之日，不能捐貲廣購，購矣而令蠹魚碩鼠分宅其中，如所謂觸手如新者且不可得，況望沈酣枕籍，作書淫傳癖生活耶？　夫張司空之三十車，李鄴侯之三萬卷，猶云措大習氣。　蕭世誠驅馳戎馬，草刱江陵，而所藏〔九〕典籍爲古今第一。　唐文皇甫釋矛槊，即搴求天下奇書。　寧可諉之帝王好名哉？　即以酗淫之隋煬，其棄社稷如飄雲泠風，而獨不能忘情于廣陵之藏，至於見夢阿嬭收得，必歸洪流而後愉快。　豈非慧業文人無問貴賤聖狂，其性命所寄，有生死不爲移易者耶？　故謗訕者擬於冶色妖狐，而侈譚者加於百城南面，非虛也。　山陰祁爾光氏，背負天風，胸吞雲夢，久已稱五經笥矣。　猶復聚二酉之秘，庋之一室，且著爲訓言，以期永永。　平泉花石，贊皇之誓，何其悲苦也，而不移瞬幾易姓。　則無亦玩好瑰異之物，賢不肖皆染招焉，所誓是而所以〔一〇〕誓則非也。若書則不然，富者不解讀，貴者不暇讀，庸愚貧賤不辦讀，獨名人韻士饑以代餔，喝以當〔一一〕漿，豪奪巧取之態，或庶幾免焉。　故在今日，裒之雖〔一二〕艱，而守之則差易。予以爲爾光之鰓鰓諄諄，猶過也。　昔江左諸王以文氣瑞晉，慶與淮水俱長，問其所業，祇青箱一脉耳。　爾光所居，政其舊里，他日以佳子孫方瑯琊者，非祁氏其誰？

萬曆癸丑陽月下澣，新野馬之駿書。

題澹生堂藏書約訓〔一三〕

楊子曰：「不學無憂，其如禽何？」讀此語，古人之用心於學也，其有憂患者乎？自六經子史，沿至今日，即善學者，僅窺其一斑，而一斑中未窮作者之意，掩卷茫然，夫何益哉？余讀爾光氏藏書諸説，惓惓開示來學，其用心可知。余以學無止法，上則性命之微旨，次則古人之靈爽，又次則治亂得失之樞機，與禽魚鳥獸、山水草木之氣化，皆吾一人領之。非津津於此，安能使其有餘味。且一種羶濃之境，乘吾之怠而與吾戰者，又最便焉。則古人憂患之心，愈可知矣。是以深於學者，聞見從多，精神從嗇，多則日見其不足，嗇則日見其有餘，尤爾光氏無盡之藏也。

萬曆癸丑十一月望日，晉安商家梅書於吴門忘憂館。

題祁爾光藏書約〔一四〕

今人以經義爲學，略通帖括，便拾青紫，藏書無當也。又各開畛域，侈談性命，皈心玄寂，期求出世，於書益無當。書何用藏哉？欲藏書者，必好古博雅，游心竹素，不囿流俗，始克役精用神，博訪旁搜，精校深藏，以爲家寶，而貧士爲難。雖然，書不易藏也。必也架高樓，以防蒸濕也；剖部局，以分甲乙也；謹啓閉，以杜鼠蠹也；慎假借，以虞隱賴也。則有大難者，以存乎其間，而讀書者亦未易易也。心君不正，則惑於外道；目鑒不明，則眩於贋鼎；耳聽不聰，則膠於舊説；腕力易脱，則繆於朱黄。就經而論，《周官》《儀禮》《公》《穀》《左氏》，國家不列學官，科舉不以程士，《王制》《月令》，可以爲經乎？就史而論，君實最爲詳贍，元晦亦號精嚴，而少微、諸燮，氣脉不接，可以爲史乎？就子而論，《三墳》《麻衣》《子華》《文子》，阮逸作俑於前，商英繼踵於後，可以爲子乎？就集而論，先秦兩漢，寂寥邈矣，六代李唐，所存幾何？唐荆川所謂「今人必有一篇墓志、一部文集」，匪徒災木，且以誤人，可以爲集乎？蓋綱維在經，羽翼在史，旁通在子，游藝在集，廢一不可。而賴鄉葱嶺，更所別議，真僞可混淆乎？正閏可和同乎？所當亟辨者也。祁先生娓娓數千百言，垂訓周帀，援古真確，真能藏書者也，真能讀書者也。假令與唐韋述、宋尤袤相提而論，俱稱博雅好古，非區區拾青紫、談心性、求出世者比。且也家訓身教，漸染浸灌，必多賢子孫嗣續先業，詎與平泉花石等觀耶？循環諷誦，敬題其上。

癸丑小春晦日，吴郡錢允治書于松窓小隱，時年七十三。

藏書約訓題辭[一五]

會讀書不會讀書，先儒兩言盡之矣。士大夫起家經史，一入世途，便絶不相親。更間搜稗官小説，以矜舌艷，抑或獵聲歌韻調之富以爲適，而本子盡荒，蠹孫日長，更無論會讀不會讀何矣。余十餘年前，偶至年友爾光密園，見其堂翼如也，徑戞如也，水泓如也，竹木蕭踈，桂蔬雜治，有幽然之治焉。既登其樓，而諸峰環拱，嵯峨掩映，所稱「笑拈鸚鵡青天上，倒摘蟾蜍明月中」者，樓有之，獨異其四壁不堊，而製自然之架以藏書，余顧二三兄弟曰：「樓以適情也，而此非適情也，蓋有志者之所爲也。」越又十餘年，而爾光向之以經史起家者，今直欲家于經史矣。賢者之所爲，未有漫然而無所寄者，竹頭木屑，儲之有用，而況于書。書如能言，必曰：「吾願爲永叔之萬卷，不願爲次道之善本、曹曾之書倉也；願爲孔璠之青藍、邴原之金玉，不願爲若水之疊床架置、不見天日也。」天下無愚懵傖人，亦無風流罪過，垂裕後昆，莫寶于書，爲父兄者，寧逆料子弟之未必能讀而儉貽之？每見富家子藏珠于櫝，匣玉于笥，而于書則委棄朽腐之不惜。一金之償必責也，假書于人，已而并所假之書俱忘矣。又紈綺子弟暇時取雞毛箒刷書，而其僕輒相戒：「主人正觀書，毋溷也。」恒以是爲劇談談笑。此豈真子弟之過？其父兄之不竇，而胡竇爲？爾光居官立身，可垂裕者多，而性復耆書，經史百家，卷至萬而不休，不但爲名山石室之藏，而寓意微遠，咫尺玄門，永貽不朽之業。異時必有乳長七尺，指密園主人而問之者，其子若孫之爲李爲歐陽更多也。余亦擬作斷簡中一小蠹，而苦無入門。爾光剩飯甚多，而余力不能購書，有問輒蒙然張口，如坐雲霧。爾光每不吝引手，則亦惟爾光之一發菩提心也。

年眷弟姜逢元題。

校勘記

〔一〕此標題爲點校者加。
〔二〕「澹」，稿本、抄本作「淡」。
〔三〕稿本無此標題。
〔四〕稿本無此標題。
〔五〕稿本、抄本無此標題。

〔六〕「購」，抄本作「搆」。
〔七〕「難」，抄本作「艱」。
〔八〕「此」，稿本作「斂」。
〔九〕「藏」，原作「藉」，據稿本改。
〔一〇〕「以」，底本無，據稿本補。
〔一一〕「當」，原作「尚」，據稿本改。
〔一二〕「雖」，原作「難」，據稿本改。
〔一三〕此篇原無，據稿本補。
〔一四〕稿本無此標題。
〔一五〕此篇原無，據稿本補。

澹〔一〕生堂藏書約

山陰密士祁承㸁著〔二〕

余十齡背先君子時，僅習句讀，而心竊慕古。通奉公在仕二十餘年，有遺書五七架，庋臥樓上，余每入樓，啓鑰取觀，閱之尚〔三〕不能舉其義，然按籍摩挲，雖童子之所喜吸笙摇鼓者，弗樂于此也。先孺人每促之就塾，移時不下樓，繼之〔四〕以呵責，終戀戀不能舍。比束髮就婚，即內子奩中物，悉以供市書之值。時文士競尚秦漢，語爲比耦，益沾沾自喜。每至童子試，不前，亦夷然不屑也。及舞象而後，更沉酣典籍，手録古今四部，取其切近舉業者彙爲一書，卷以千計，十指爲裂。然性尤喜史書，生欲得一全史，爲力甚艱，偶聞華容魏學博有全史〔五〕，隱括頗悉，郭相奎使君以活板模行于武林者百許部，一時競取殆盡，遂〔六〕亟渡錢唐，購得其一，驚喜異常，不啻貧兒驟富矣〔七〕。時方館于富春山中，晝夜展讀，一月而竟。遂苦怔忡，不成寐者數月，至有性命之憂。癸巳，讀書雲門僧房，與柳貞之共處講席。貞之好談宗乘事，正與病悏，乃稍稍戒觀書，然而蠹魚之嗜，終不解也。凡試事，過武林，遍問坊肆所刻，便向委巷深衢，覓有異本，即鼠餘蠹剩，無不珍重，市歸，手爲補綴。十餘年來館穀之所得，饘粥之所餘，無不歸之書者。合之先世，頗踰〔八〕萬卷，藏載羽堂中。丁酉冬夕，小奴不戒于火，先世所遺及半生所購，無片楮存者。因歎造物善幻，故欲鍛鍊人性情乃爾。遂北入成均，燕市雖經籍淵藪，然行囊蕭索，力不能及此。每向市門倚櫝看書，友人輒以王仲任見嘲。辛丑下第歸，稍葺一椽，尋欲聚書其中，而旋以釋褐爲令。初吏寧陽，掌大一城，即邑乘且闕，安有餘書？及更繁茂苑，其爲經籍淵藪，雖猶之燕市乎，然而吏事鞅掌，呼吸不遑，初非畏風流之罪過，寔迫于晷刻〔九〕之無暇耳。間有見貽，槩以坊梓，且多重複，奇書異本，無從得而寓目焉。自入白門，力尋蠹好，詢於博雅，覓之收藏，兼以所重易其所闕，稍有〔一〇〕次第。然而漢唐人之著述，則不能得十一于千百也。癸丑，偶以行役之便，經歲園居，復約同志互相裒〔一一〕集，廣爲搜羅。夏日謝客杜門，因率兒輩，手自插架，編以綜、緯二目，總計四部，其爲類者若干，其爲帙者若干，其爲卷者若干，以視舊蓄，似再倍而三矣。夫余之嗜書，乃在于不解文義之時，至今求之不得其故，豈真性生者乎？昔人饑以當食，寒以當衣，寂寥以當好友，余豈能過之？第所謂「胸中久不用古今澆灌，便塵俗生其間，照鏡則面目可憎，對人則語言無味」，殆爲是耳。然而聚散自是恒理，即余三十年來，聚而散、散而復聚，亦已再見輪回矣。今能期爾輩之有聚無散哉？要以爾輩目擊爾翁一生精力，耽耽簡編，肘敝目昏，慮衡心困，艱險不避，譏訶不辭，節縮饔餐，變易寒暑，時復典衣銷帶，猶所不顧，則爾輩又安忍不竭力以守哉？至竭力以守而有非爾輩之所能守者，夫固有數存乎間矣。

今與爾輩約：及吾之身則月益之，及爾輩之身則歲益之；子孫能讀者則以一人盡居之，不能讀者則以衆人遞守之；入架者不復出，蠹嚙者必速補；子孫取讀者，就堂檢閱，閱竟即入架，不得入私室，親友借觀者，有副本則以應，無副本則以辭，正本不得出密園外；書目視所益多寡，大較近以五年、遠以十年一編次。勿分析，勿覆瓿，勿歸商賈手，如此而已。雖然，元美有言：「世有勤于聚而儉于讀者，即所聚窮天下書，猶亡聚也。世有侈于讀而儉于辭者，即所讀窮天下書，猶亡讀也。」吾豈能必爾輩之善讀，讀而且饒于辭哉？蓋有味于黄魯直之言也。「四民皆當世業，士大夫家子弟，能知忠信孝友，斯可矣。然不可令讀書種子斷絶，有才氣者出，便名世矣。」斯余〔一二〕藏書之意乎！因雜取古人聚書、讀書足爲規訓者列于後，而并〔一三〕示以購書、鑒書之法，令兒輩朝夕觀覽知省焉。

旹萬曆癸丑中伏日，書於快讀齋〔一四〕。

校勘記

〔一〕「澹」，稿本、抄本作「淡」。

〔二〕稿本無此行。

〔三〕「尚」，稿本、抄本作「殊」。

〔四〕「之」，稿本、抄本無。

〔五〕「全史」，稿本、抄本作「史全」。

〔六〕「遂」，稿本、抄本無。

〔七〕「矣」，稿本、抄本作「也」。

〔八〕「踰」，抄本作「餘」。

〔九〕「晷刻」，抄本作「寸晷」。

〔一〇〕「有」，抄本作「可」。

〔一一〕「裒」，底本作「褎」，誤，據稿本、抄本改。

〔一二〕「余」，抄本作「予」。

〔一三〕「并」，抄本作「拜」。

〔一四〕「旹萬曆……快讀齋」原無，據稿本補。

聚書訓序〔一〕

余閲《殿閣詞林記》恭述成祖視朝之暇，輒御便殿閲書，或召儒臣講論，弗輟也。嘗問：「文淵閣經、史、子、籍皆備否？」學士解縉對曰：「經、史粗備，子、籍尚多闕。」上曰：「士人家稍有餘貲，便欲積書。況於朝廷，其可闕乎？」遂召禮部尚書鄭賜，令擇通知典籍者〔二〕四出求遺書。且曰：「書值不可較價直，惟其所欲與之，庶奇書可得。」復顧縉等曰：「置書不難，須常覽閲乃有益。凡人積金玉，亦欲遺子孫。金玉之利有限，書籍之利豈有窮也？」大哉聖謨，非臣庶所宜恪遵者乎？然前人聚而後人弗能守，猶弗聚也。即後人勉爲守，而不〔三〕能重，猶弗守也。司馬温公，文史萬餘卷置讀書堂，晨夕取閲，雖累數十年皆手若未觸者。嘗語其子公休曰：「賈豎藏貨貝，儒宗惟此耳。然當知寶惜，吾每歲以上伏及重陽間，視天氣晴明，設几案於當日所，側羣書其上，以暴其腦。所以年月雖深，終不損動。至啓卷，先視几案潔净，藉以裀褥，然後端坐展看。或欲行，即承以方版，非惟免手汗漬及，亦恐觸動其腦。每竟一版，即側右手大指面襯其沿，而覆以次指面撚而挾過。每見汝輩輕以兩指爪撮起，是愛書不如愛貨貝也。」爾輩惟法温公之珍惜，斯稱能守者乎！至於鈔録、校讎，更不可廢，因舉古人聚書足法者列之後。

竇諫議爲人素長厚，性尤儉素，器無金玉之飾，家無衣帛之妾。常於宅南建一書院，聚書數千卷，崇禮文學，延置師席，凡四方孤寒之士，貧無供須者，咸爲出之。有志於學者，聽其自至，故其子聞見益博。

張華家無餘財，惟有文史，溢于几篋。常徙居，載書三十乘。秘書監摯虞撰定官書，皆資華本以取正焉。天下奇秘，世所罕有者，悉在華所。由是博物洽聞，世無與比。

魯人曹平慕曾參之行，因名曹曾，家多書，慮其湮滅，乃積石爲倉以藏，世謂曹氏書倉。

壽張申屠致遠，仕元爲廉訪，清修苦節，恥事權貴，聚書萬卷，號申氏墨莊。

任昉博學，家雖貧，聚書至萬餘卷，率多異本。卒後，武帝使學士〔四〕賀縱共沈約勘其書目，官無者就其家取之。

李公擇少讀書於廬山五老峯下白石菴僧舍，藏九千餘卷以遺來者。公擇既去，山中之人思之，指其所居爲李氏山房。

常景不事産業，衣食取濟而已，耽愛經史。若遇新異之書，不問價貴賤，以必得爲期。

方漸知梅州，所至以書目隨，積至數千卷，皆手自竄定。就寢不解衣衾，林朝光質之，答曰：「解衣擁衾，會有所檢討，則懷安就寢矣。」增四壁爲閣，以藏其書，牓曰「富文」。

孫蔚家世好書，有書七千餘卷，遠近來讀者恒有百餘人，蔚爲辦衣食。

陸務觀作書巢以自處，飲食起居，疾疴吟呻，未嘗不與書俱。每至欲起，書圍遶左右，如積槁枝，至不得行。時引客觀之，客不能入，既入不能出，相與大笑，遂名曰「書巢」。

梁金樓子聚書四十年，得書八萬卷，河間之侔于漢室，頗謂過之。

柳氏家昇平里西堂，藏經、子、史、集，皆有三本，紙墨籤束華麗者鎮庫；次者長將隨行披覽；又次者後生子弟爲業。

宋丁顗盡其家貲置書十萬餘卷，且曰：「吾聚書多矣，必有好學者爲吾子孫。」後其孫度竟登博學宏詞科，至參知政事。

宋次道所蓄書，皆校讎三五遍，世之藏書以次道家爲善本。宋住春明坊，昭陵時，士大夫喜讀書，僦居其側，以便借置。當時春明坊宅子僦值，比他處常高一倍。

齊王牧以禮自拘，鮮有過事，就人借書，必手刊其謬，然後返之。

李暠署劉炳爲儒林祭酒，炳好尚文典〔五〕，書史穿落者親自補治，矜重如拱璧。每謂其子弟：「吾所以躬其事者，欲人重此典籍耳。」

宋綬，字公垂，博學喜藏異書，手自校讎，嘗謂：「校書如掃塵，一面掃一面生，每三四校猶有脱誤。」

向朗年八歲，即手自校書，刊定謬誤，潛心典籍，積聚篇卷，冠於一時。

郎基，中山〔六〕新市人，魯郡太守智之孫。博涉文籍，清慎無所營求。嘗謂人曰：「任官之所，木枕亦不須作，況重於此乎？」惟頗令人寫書。樊宗孟遺之書：「在官寫書，亦是風流罪過。」基曰：「觀過知仁，斯亦可矣。」

穆子容少好學，無所不覽，求天下書，逢即寫録，所得萬餘卷。

袁峻家貧無書，每從人假借，必皆鈔寫，自課日五十紙，紙數不登則不止。

董仲玄，去京師三百里，或乘牛驢，或躡履，不日而至，常息人家於座，以筆題掌，還家以竹籜寫之，書竟則舐掌中，世謂之董仲玄掌録。

任東學無常師，河洛秘奥，非止典籍所載，皆注記於柱壁及園林樹木，慕學者争趨寫之，時謂任氏經苑。

東莞臧逢世，年二十餘，欲讀班固《漢書》，苦假借不能久，乃就姊夫劉緩乞書翰紙末，手寫一本，軍府服其志尚。卒以《漢書》聞。

孟景翌，字輔明，刻勵嗜學。行輒載書隨，所坐之處，不過容膝，四面卷軸盈滿，時人謂之書窟。

王筠，少好鈔書，老而彌篤，雖遇見瞥觀，即皆疏記，後重覽省，懽情彌深，習與性成，不覺筆倦。自十三四歲歷四十載，躬自鈔録，大小百餘卷，自以爲不足傳之好事，備遺忘而已。

張參爲國子司業，手寫九經，每謂讀書不如寫書。

柳仲郢退公布卷，不舍晝夜，九經三史一鈔，晉魏南北史再鈔，手書分門三十卷，號《柳氏自備》，小楷精謹，無一字肆筆。

劉道原就宋次道家觀書，宋日具酒饌，爲主人禮，道原不受，閉閣鈔書，旬日而畢。

吴人朱存禮，居常聞人有奇書，輒從求以必得爲志，或手自繕録，動盈筐篋。羣經、諸子、小説，無所不有。詩亦精雅，尤精小楷。手録前輩詩文，積百餘家，他所纂述，有《經子鉤玄》、《吴郡獻徵録》、《名物寓言》、《鐵網珊瑚》、《野航漫録》、《鶴岑隨筆》等書數百卷。

杜暹，家藏書，皆自題跋尾，以戒子孫曰：「請俸買來手自校，子孫讀之知聖教，鬻及借人爲不孝。」

校勘記

〔一〕底本篇目次序原爲藏書訓略、讀書訓序、聚書訓序，據祁氏序稱「雜取古人聚書、讀書足爲規訓者列于後，而并示以購書、鑒書之法」，與稿本次序合，今依稿本次序調整爲聚書訓序、讀書訓序、藏書訓略。

〔二〕「者」，抄本脱。
〔三〕「不」，抄本作「弗」。
〔四〕「學士」，抄本脱。
〔五〕「文典」，抄本作「坟典」。
〔六〕「中山」，原誤作「山中」，稿本、抄本同。

讀書訓序

人亦有言：養子弟如養芝蘭，既積學以培植之，又積善以滋潤之，自幼律之以嚴、繩之以禮，則長無不肖之悔。然積學豈易言哉？子弟之學，非取其名學之而已也。顔氏之《訓》曰：士大夫子弟，數歲以上，莫不被教。及至冠婚，性體稍定。有志尚者，遂能磨礪以就素業；無履立者，自兹墮慢，便爲凡人。飽食醉酒，忽忽無事，以此銷日，以此終年。及有吉凶大事，議論得失，蒙然開口，如坐雲霧；公私宴集，談古賦詩，塞默低頭，欠伸而已。有識傍觀，代其入地。何惜數年勤學，長受一生愧辱哉？梁朝全盛之時，貴遊子弟，無不薰衣剃面，傅粉施朱，駕長檐車，跟[一]高齒屐，坐碁子方褥，憑斑絲隱囊，列器玩於左右，從容出入，望若神仙。當爾之時，亦快士也。及時異勢殊，求諸身而無所得，施之世而無所用。披褐而喪珠，失皮而露質。兀若枯木，泊若窮流。當爾之時，誠駑材矣！若能常保數百卷，千載終不爲小人。諺曰：積財千萬，不如薄伎在身。伎之易習，而可貴者無過讀書。世皆欲識人之多，見事之廣，而不肯讀書，是猶求飽而懶營饌，欲煖而懶裁衣也。之推之言，其警人者至矣！爾輩時讀一過，能無惕然？要以所貴讀書，非僅涉獵便可自足。王僧虔之戒其子也，「汝開《老》《易》卷頭五尺許，未知輔嗣何所道，平叔何所説，馬、鄭何所異，指例何所明，而便盛于麈尾，自呼談士，此最險事。且百家諸子，皆言家口實，如客至之有設也，汝皆未經拂耳瞥目。豈有庖廚不修，而欲延大賓者哉？張衡思侔造化，郭象言類懸河，不自勞苦，何由至此？」旨哉斯言，世傳六季徒尚虛浮，而其教子弟者，乃諄諄務實若此。琅琊王氏，世傳青箱，學有以也。夫爾輩讀書，務須奮志法古。古人足尚者，安可枚舉？姑疏記二十三則，以示例焉。

范文正公少時，多延賢士。胡瑗、孫復、石介、李覯之徒，與之〔二〕游。晝夜肄業帳中，夜分不寢。後公〔三〕貴，夫人李氏收其帳，頂如墨色，時以示諸子曰：「此爾父少時勤學，燈煙跡也。」

朱穆年五歲，便有孝稱。父母有病，輒不飲食，差乃復常。及壯耽學，鋭意講誦。或時思至不自知，亡失衣冠，顛墜阬岸。其父常以爲專愚，幾不知馬之幾足，穆愈更精篤。

江總幼篤學，有詞彩，家傳《易》。有賜書數千卷，總讀，未嘗釋手。

廣漢朱倉，僅攜錢八百文之蜀，從處士張寧受《春秋》。糴小豆十斛，肩之爲糧，閉户精誦。寧矜憐之，斂得米二十石給倉，倉固不受。

賈逵好《春秋左傳》，常自課，月讀一遍。

孟公武少從南陽李肅學，其母爲作厚褥大被。或問其故，母曰：「小兒無德，致客學者多貧，故爲廣被，庶可得與氣類接也。」公武讀書，晝夜不懈。肅奇，以爲宰相之器。

荀慈明幼而好學，年十二，能通《春秋》《論語》，太尉杜喬見而稱之，可爲人師。爽遂耽思經書，慶弔不行，徵命不應。潁川爲之語曰：「荀氏八龍，慈明爲最。」

沈攸之晚好讀書，常歎曰：「早知窮達有命，恨不十年讀書。」

王充少孤，鄉里稱孝。師事扶風班彪，好博覽而不守章句。家貧無書，常游洛陽市肆間，閲所賣書，一見輒能誦憶，遂博通衆流百家之言。後歸鄉里，屏居教授。

沈麟士織簾誦書，口手不息，鄉里咸號爲「織簾先生」。

董遇性質訥而好學。興平間，關中擾亂，與兄季中採梠負販，而常挾持經書，投閒習讀。其兄笑之，而遇不改。喜《老子》，作訓注。又喜《左氏傳》，更作朱墨别異。人有從學者，必先令讀百遍，言讀書百遍而自見也。

揚[四]子雲工賦，王君大習兵。桓譚欲從二子學，子雲曰：「能讀千賦則善賦。」君大曰：「能觀千劍則曉劍。」諺曰：習服衆神巧者，不過習者之門。

劉峻自課讀書，常燎蔴炬，從夕達旦，時或昏睡，爇其鬢髮，及覺復讀。聞有異書，必往祈借。崔慰祖謂之書淫。

顧歡貧，鄉中有學舍，無資受業。歡於舍壁後倚聽，無遺忘者。夕則燃松而讀，或燃糠自照。

梁元帝在會稽，年始十二，便知好學。時又患疥，手不得拳，膝不得屈，閉齋，張葛幃，避蠅獨坐，貯山陰甜酒。時復進之，以自寬痛，率意自讀史書，一日二十卷。既未師授，或不識一字，或不解一語，要自重之，不知厭倦。

劉松作碑銘，以示盧思道，思道多所不解，乃感激讀書，師邢子才。後爲文示松，松復不能解，乃歎曰：「學之有益，豈徒然哉！」

魏甄琛舉秀才入都，頗事弈棋。令蒼頭執燭，或睡頓，則加箠杖。奴不勝痛楚，乃曰：「郎君辭父母博官，若爲讀書執燭，所不敢辭。今弈，何事也？如此日夜不息，豈是向京之意？」琛惕然大慚，遂發憤研習經史，假書於許赤彪，聞見日富，仕至侍中。

陳瑩中好讀書，至老不倦。每觀百家文[五]及醫卜等書，開卷有得，則片紙記録，粘於壁間。環坐既遍，即合爲一編，幾數十册。

左太翀[六]欲作《三都賦》，乃詣著作郎訪岷邛之事，搆思十稔，門庭藩溷，皆著筆札，遇得句即疏之。

王彪之練悉朝儀，家世相傳，并著《江左舊事》，緘之青箱，世謂王氏青箱學。

葉廷珪爲兒時，便知嗜書，自入仕四十餘年，未嘗一日釋卷。士大夫家有異書，無不借，借無不讀，讀無不終篇而後止。嘗恨無貲，不能傳寫，間作數十大册，擇其可用者録之，名《海録》。

韋敬遠少愛文史，留情著述，手自鈔録數十萬言。晚年虛静，惟以體道會真爲務，舊所著述，咸削其稿。

李永和杜門却掃，絶跡下帷，棄産營書，手自删削。每歎曰：「丈夫擁書萬卷，何假南面百城。」

校勘記

〔一〕「踉」，原誤作「踉」，稿本、抄本同。
〔二〕「之」字旁，稿本、抄本注「忠宣公」。
〔三〕「公」字旁，稿本、抄本注「忠宣」。
〔四〕「揚」，稿本、抄本作「楊」。
〔五〕「文」下抄本衍「史」字。
〔六〕「翀」，稿本、抄本作「冲」。
〔七〕此條抄本脱。

藏書訓略

一　購書

夫購書無他術，眼界欲寬，精神欲注，而心思欲巧。蓋今世所習爲文人，守一經從博士弟子業者也，如古之著書立言，不求聞達者，千百中不一二見焉。習俗溺人，爲毒滋甚，每見子弟於四股八比之外，略有旁覽，便恐妨正業，視爲怪物。即子弟稍竊窺目前書一二種，便自命博雅，沾沾自喜。不知宇宙大矣，古今載籍，如劉氏《七略》、王儉《七志》、阮孝緒《七録》俱在人耳目者無論已，其最盛，莫如隋大業中柳䛒等校定總目三十七萬卷，而正本進御亦三萬七千餘卷。嗣後則唐開元中總目五萬六千四百七十六卷，而釋、道二家不與，及唐人自著者不全入，以視大業，不啻倍之。此亦四部中天之際乎？然猶曰：帝皇〔一〕之籍，非士庶所能望見也。乃唐吴兢家藏書一萬三千四百六十八卷，此鏤板未行之前，已戛戛乎難爲力矣。若荆南之田氏藏書三萬卷；昭德晁氏舊藏二萬四千五〔二〕百卷；邯鄲李獻臣所藏圖籍五十七〔三〕類，一千八百三十六部，二萬三千三百八十六卷，而藝術、道書及書畫之目不存焉；莆田鄭子敬家所藏書仍用《七録》，而卷帙不減於李；濡須秦氏且以奏請於朝，宅舍文籍令子孫不得分析，蓋崇重極矣。然猶曰前代之遺事云耳。若勝國兵火之後，宋文憲公讀書青蘿山中，便已聚書萬卷。如雲間陸文裕公、婁江王大司馬、吳門劉子威，此其家藏書皆不下數萬卷。更聞楊儀部君謙，性最嗜書，家本素封，以購書故，晚歲赤貧，所藏書十餘萬卷，纂其異聞爲《奚囊手鏡》。若金陵之焦太史弱侯，藏書兩樓，五楹俱滿，余所目覩〔四〕，而一一皆經校讎探討，尤人所難。婺州胡元瑞，以一孝廉集書至四萬二千三百八十四卷。此皆近日士紳家事也，安可以鬚眉男子，竟同三家村擔板漢乎？余故略一拈出，令汝輩知曠然宇宙，自有大觀，所謂眼界欲寬者，此也。若曰六經皆注脚，何必乃爾，余與汝輩未至此位地，不得作欺人語。

夫所謂精神欲注者，正以人非大豪傑，安能澹無嗜好？倘嗜好一着于博飲狹邪、馳馬試劍，傷生敗業，固不必言。即染翰臨池、鼎彝金石，非不稱清事，然右軍竟以書槩其品，而閻立本且悔恨流汗，戒子孫勿復工繪事。至於玩古之癖，令人憔悴欲死，又不〔五〕足言矣。惟移此種種嗜好，專〔六〕注于嗜書，余亦不遽望爾輩以冥心窮討，苦志編摩，惟姑以此書日置几席間，視同玩器，裝潢校讎，朝斯夕斯，隨意所喜。閱其一端，一端偶會，此卷自不忍不竟，一卷既洽，衆卷復然，此書未了，恨不能復及一書。方讀其已見，恨不能讀其所未見。自然飲食寢處，口所囁嚅，目所〔七〕營注，無非是者。如阮之屐、嵇之鍛、劉伶之飲，非此不復知人生之樂矣。如此，則物聚於所好，奇書秘本多從精神注向者得之，使爾輩爲向上之士，自足成其博雅。即以庸人自安，亦定不作白丁。余每見市中賣藥翁，晚年未有不談醫者，而書肆老賈，往往多哆口言文字。蓋近朱近墨，强作解事，自是恒情，而古今絶世之技、專門之業，未有不由偏嗜而致者。故曰「精神欲注」者，此也。

鄭漁仲論求書之道有八：一即類以求，二旁類以求，三因地以求，四因家以求，五曰求之公，六曰求之私，七因人以求，八因代以求。可謂典籍中之經濟矣。然自有書契以來，名存而實亡者十居其九，如丁寬、孟喜之《易》，《尚書》之牟長章句、周防雜記，韓嬰僅存《詩》外傳而亡其内傳，董仲舒《春秋繁露》雖存，而《春秋決疑》二百三十二事竟不可得。夫經傳猶日星之麗天，尚多湮没，况其他一人一家之私集乎？若此之類，即國家秘府尚不能收，民間亦安從得之？縱欲因地因人以求，無益也。

余于八求之外，更有三説。如書有著于三代而亡于漢者，然漢人之引經多據之；書有著于漢而亡于唐者，然唐人之著述尚存之；書有著于唐而亡于宋者，然宋人之纂集多存之。每至撿閲，凡正文之所引用，註解之所證據，有涉前代之書而今失其傳者，即另從其書各爲録出。如《周易坤靈圖》《禹時鈎命訣》《春秋考異》《郵感精符》之類，則于《太平御覽》中間得之。如《會稽典録》、張璠《漢紀》之類，則於《北堂書鈔》間得之。如晉簡文《談疏》、《甘澤謡》、《會稽先賢傳》、《渚宫故事》之類，則于《太平廣記》間得之。諸如此類，悉爲裒集。又如漢唐以前殘文斷簡，皆當收羅，此不但吉光片毛，自足珍重，所謂舉馬之一體，而馬未常不立于前也，是亦一道也。又如一書之中，自宜分析，如杜氏《通典》著於唐，惟唐之故典可按耳，乃後人取歐陽永叔、吕伯恭輩議論附其後，不幾淄澠乎？如《水經》一書，註乃侈于其經，奇詭宏麗，後人但知酈道元之有注，而桑欽著經之名反隱矣。又如《世説》，詞旨本自簡令，已使人識晉人丰度于眉宇間，若劉孝標之註，援引精覈，微言妙義，更自燦然，可與《世説》各爲一種以稱快，書如此之類，析而爲兩，使并存于宇宙之間，是亦一道也。若夫前代遺書，見有鏤板，或世家所秘，省郡所藏，即同都共里，尚難兼收，況粤有刻而吴未必知，蜀有本而越未能遍，如此者更多也。又安能使其無翼而飛，不脛而走哉？且購書于書未集之先易，何也？凡書皆可購也，即因地、因人、因家、因代無不可者。購書于書稍集之後難，何也？海内通行之書，大都此數十百種耳，倘一槩求之，或以千里郵至，或以重值市歸，乃開篋而已有在架矣，有不意興索然者乎？余謂古書之必不可求，必非昭代所梓行者也，若昭代之所梓行，則必見序于昭代之筆，其書即不能卒得，而其所序之文，則往往載于各集者，可按也。今以某集有序，某書若干首，某書之序，刻于何年，存於何地，採集諸公序刻之文而録爲一目，自知某書可從某地求也，某書可向某氏索也。置其所已備，覓其所未有，則異本日集，重複無煩，斯真夜行之燭，而探寶之珠也，是又一道也。即此三端，可以觸類，總之一巧，以用八求，故曰「心思欲巧」者，此也。

已上三條購書之法，似無遺術，然特示兒輩云耳。若夫古書有必不可致者，有求之苦而得之艱者，有可隨時隨地而求輒得者。余因集四部之名在而書不傳者爲《名存録》，集其艱于得而力於求者爲《苦購録》，以見鏤板者爲《廣梓録》，共計十二卷，并附以購書檄而與海内同志者共焉〔八〕。

一 鑒書

夫藏書之要，在識鑒，而識鑒所用者，在審輕重、辯真僞、覈名實、權緩急而别品類，如此而已。夫垂于古而不能續于今者，經也；繁于前代而不及于前代者，史也；日亡而日逸者，子也；日廣而日益者，集也；前有所亡而後有所益，聚散略相當者，類書、雜纂之流也；前者尚存，後者愈蔓，紛遝詼譎而不可律者，雜史與小説之類也。故得史十者不如得一遺經，得今集百者不如得一周秦以上子，得百千小説者不如得漢唐實録一，此其書之不相及也。購國朝之書十不能當宋之五也，宋之書十不能當唐之三也，唐之書十不能當漢與六朝之二也，漢與六朝之書十不能當三代之一也，此其時之不相及也。總之，所謂「審輕重」者是也。

夫所謂辯真僞者，經不易僞，史不可僞，集不必僞，而所僞者多在子。且非獨僞也，孫文融有言：「諸子至秦絶矣！古操術，今飾文，其深不當也。古初見奇，今奇盡，其精不當也。古殫一生精力，今以餘技騁，其工不當也，故曰絶也。」夫自漢而後，即真者尚不能與周秦并，况其僞哉？然又混淆而難别，如《鹽鐵論》之言食貨也，史也而儒之；杜周士之《廣人物》，志也而子之；至温庭筠之著《乾𦠆子》，録諧也；劉崇達之著《金華子》，紀雜也，且濫以子稱矣。故子之雜也，史之稗也，説之璅也，易相溷者也，惟辯其真則得矣。要而言之，四部自不能無僞。「有僞作于前代，而世率知之者，風后之《握奇》、岐伯之《素問》是也；有僞作于近代，而世反惑之者，卜商之《易傳》、毛漸之《連山》是也；有掇古人之事而僞者，仲尼傾蓋而有《子華》，杜史出關而有《尹喜》是也；有挾古人之文而僞者，伍員著書而有《越絶》，賈誼賦鵩而有《鶡冠》是也；有傳古人之名而僞者，尹負鼎而《湯液》聞，戚飯牛而《相經》著是也；有蹈古書之名而僞者，汲冢發而《師春》補，《檮杌》紀而楚史傳是也；有憚于自名而僞者，魏泰《筆録》之類是也；有恥于自名而僞者，和氏《香奩》之類是也；有襲取于人而僞者，法盛《晉書》之類是也；有假重於人而僞者，子瞻《杜解》之類是也；有惡其人僞以禍之者，僧孺《行紀》之類是也；有惡其人僞以誣之者，聖俞《碧雲騢》之類是也；有本非僞，人託之而僞者，《陰符》不言三皇，而李筌稱黃[九]帝之類是也；有書本僞，人補之而益僞者，《乾坤鑿度》及諸緯書之類是也；又有僞而非僞者，《洞靈真經》本王士元所補，而以僞《亢倉》，《西京雜記》本葛稚川所傳，而以僞劉歆之類是也；又有非僞而曰僞者，《文子》載于劉歆《七略》，歷梁隋皆有其目，而黄東發以爲徐靈府，《抱朴》紀于勾〔一〇〕漏本傳，歷唐宋皆志其書〔一一〕，而黄東發以爲非葛稚川之類是也；又有非僞而實僞者，《化書》本譚峭所著，而宋齊丘竊而序傳之，莊注本向秀所作，而郭子玄取而點定之類是也；又有當時知其僞而後世弗傳者，劉炫《魯史》之類是也；又有當時紀其僞而後人弗悟者，司馬《潛虚》之類是也；又有本無撰人，後人因近似而僞託者，《山海》稱大禹之類是也；又有本有撰人，後人因亡逸而僞題者，《正訓》稱陸機之類是也。」辯哉，胡元瑞之言乎！余故詳述之，令爾輩展卷時，庶具眼焉。

書籍與代日增，而亦與代日亡之物也。槩按籍而求，固已有虚用其力者矣。乃有實同而名異者，有名亡而實存者，有得一書而即可槩見其餘者，有得其所散見而即可凑合其全文者，又有本一書也而故多析其名以示異者。如顔師古之《南部烟花》，即《大業拾遺》也；李綽之《尚書談録》，即《尚書故實》也；劉珂之《帝王曆歌》[一二]，即《帝王鏡畧》也，此所謂實同而名異者也。如蔡蕃節《太平廣記》之事而爲《鹿革事類》三十[一三]卷，《廣記》在，《鹿革事類》即湮軼可也；如司馬温公之編《資治通鑑》也，先具叢目，次脩長編，删削成書，《通鑑》行，則叢目、長編廢，弗録可也，此所謂名亡而實存者也。又如漢人之談經在訓詁，讀注疏而漢之釋經可槩也；晉人之詞旨尚隱約，閲《世説》而晉之談論可想也，所謂得其一而槩可見其餘者也。如《北夢瑣言》《酉陽雜俎》之類，今刊本雖盛行矣，然悉括《太平廣記》之所載，更有溢其全帙之外者，此所謂得其所散見，而即可湊合其全文者也。至如陶弘景之《真誥》，而析以《協昌期》《甄授命》之名；馮贄之《雲仙散録》，而托以詭秘之目。又如近日偶從友人王堇父家借得《比事摘録》一卷，中所引用，如《畢辜》《厲呷》等録，初不曉其何書，及按其文，乃知即《餘冬序録》所以分别卷帙者也，且刊者訛謬，以「極如」爲「橘如」，以「畢相」爲「終相」，事同兒戲，殊爲可笑，此所謂故析其名以示博者也。諸如此類，爾輩須逐一研覈，不爲前人所謾，則既不至虚用其力，而亦不至徒集其名，得一書始得一書之實矣。

吾儒聚書，非徒以資博洽，猶之四民所業在此，業爲世用，孰先經濟？古人經濟之易見者，莫備于史。夫執經術以經世，自漢而下，何可多得？即荆公亦一代異人，且以禍宋。至如考見得失，鑒觀興亡，決機于轉盼之間，而應卒於呼吸之際，得史之益，代實多人。故尊經尚矣，就三部而權之，則子與集緩，而史爲急。就史而權之，則霸史、雜史緩，而正史爲急。就正史而權之，唐以前作史者精專于史，以文爲史之餘波，故實而可循；唐以後能文者泛濫于文，以史爲文之一體，故蔓而少實。然唐任李淳風等于志、表，則有專門於漢者矣；宋採范祖禹等之持論，則有核實于唐者矣，所急各有在也。遡而言之，《檀弓》之于《左傳》，意勝也；《左傳》之于《史記》，法勝也；《史記》之於《漢書》，氣勝也；《漢書》之於《後漢》，實勝也；《後漢》之於《三國》，華勝也；《三國》之於六朝，樸勝也。其他若顔師古之精于《漢》也，司馬貞之覈于《史》也，劉知幾之辯於《通》也，魏玄成之該於志也，皆史之所宜急者也。至如李仁父之《長編》，纘涑水者乎？陸文裕之《史通削繁》，刊謬而有功劉氏者乎？丘文莊之《續史綱》，引伸曲暢而善嗣朱氏者乎？此皆聚書所宜首〔一四〕及。雖然，學不通今，安用博古？昭代雖右文，而史統不一，致稗官瑣説，月盛日繁，是非刺謬，聞見牴牾，令人莫知所適。至於大禮、大獄、宗藩、邊疆之事，學者益無可考，即如《雙溪暇筆》之説行，而非有《視朝餘録》以參觀，則當時宸藩之護衛與迎立之大典，文忠幾不能自白矣。諸如此類，安可枚舉？故凡涉國朝典故者，不特小史宜收，即有街談巷議，亦當盡採，此尤從周之士所宜亟圖者也。故特示兒輩，以知所急焉。

區别品流，始於《七略》，嗣此而後，代有作者。王儉之《七志》，多本劉氏，特易詩賦爲文翰，易術數爲陰陽，易方技爲術藝，無輯略而有圖譜，及益以佛、道二書，名雖七而實九也。阮孝緒之《七録》，又本王氏而加以紀傳，史書之盛，始與經、子并列矣。四部之分，寔始荀勗，以甲部紀六藝、小學等書，以乙部紀諸子、兵術等書，以丙部紀《史記》《皇覽》等書，以丁部紀詩賦、圖籍等書。然史固宜〔一五〕居子上，孝緒之以紀傳次經典，得矣。若歷朝正史志藝文、經籍者，惟班氏規模《七略》，劉昫沿襲《隋書》，《新唐》校益《舊唐》，《宋史》多因《崇文四庫》。《隨志》簡編雖多散佚，而類次可觀。《舊唐》之録本朝多缺，而《新書》裒〔一六〕益，頗自精詳。《宋志》紊亂，元人製作，無足深求。然總之可深惜者，劉、王、荀、阮，僅存其標目，竟軼其全書，即史志所載，簡編在列，然而湮軼者十九，其間存十一於千百者，亦非尋常可得寓目，是亦畫龍之類耳。若謝客、王亮、任昉諸人，雖有纂修，而類例不傳。如《崇文四庫》《中興館閣》，即有書目而世不易得。學者所可考覽，獨有鄭漁仲之《藝文略》十有二類，馬貴與之《經籍考》七十六卷，王伯厚之《玉海·藝文》〔一七〕二十八卷及焦弱侯太史《經籍志》六卷，王憲副所編《續經籍考》十二卷，鄧元錫《經籍志》一卷，此其所載，皆班班可考。然焦氏之志，國史也，是宜簡嚴，不及著書之纖悉，是矣。鄭氏《通志》，槩徵往籍，而昔人著作之旨，無所發明。王伯厚之纂述，大都爲應宏詞博學之用，故略存梗槩而無所折衷，且既以御製之文自爲一類，則承詔撰述，宜綴其後，而復列于別集，殊不可解。鄧志之議論頗詳，而書目未備。《續通考》之收羅未廣，而編輯尚淆。至于條貫燦然，始末畢具，莫精于馬氏之一書，其爲經者十三類，爲史者十三類，爲子者二十一類，爲集者四類，一一準中壘父子校書之法，撮其指意而列于下，即所據者多晁氏、陳氏之遺言，然而其編摩採輯之功，精且詳矣。余每遇嗜書之癖發不可遏，即取《通考》番閱一過，亦覺快然，庶幾所謂過屠門而大嚼者乎？但其所載者，皆當時見行之書，而古人遺軼者，無從考究耳。總而言之，書有定例，而見不盡同，且亦有無取于同者。如王伯厚以聖文冠經籍，陸文裕仿之，而焦氏亦首列制書。余以國史一代之典章，自宜尊王，而家籍一人之私藏，不妨服聖。仍以六經冠之羣書，而特以文由聖翰、事關昭代者，每列于各類之首，則既不失四部之體，而亦足表尊周之心，是亦一見也。宋儒理學之言，槩收於子，似矣，然强半皆解經語也，漢之訓詁何以列于經，而獨宋儒之子乎？如《正蒙》《皇極》及程朱語録、《近思》、《傳習》之類，余欲仿小學之例而别類以理學，是又一見也。禮樂之從六籍，固也，但後世之所謂禮者，多儀注之類耳，叔孫通之綿撮，其可以言經乎？且《胡笳》《羯鼓》《教坊雜録》之類，直小説耳。槩以言樂，非淺儒之所能識也。余謂一代之禮樂，猶一代刑政，從典故、儀注之後，而附之史，是亦一見也。又如《汴水滔天録》，言朱温篡弒事甚悉，雖小説而實史也；如《灌畦暇語》等書，漫述前人，雖似子而實小説也，各宜從其類者也。又如《厚德録》《自警編》《顔氏家訓》之類，雖列於子而實垂訓者也。余欲别纂訓爲一類，而附于小學之後，是又一見也。古之詞命，所以通上下者也，自以奏疏爲對君之體，而與書記分。夫奏疏既以列于集之外，書記何以獨混于集之中？余以爲宜仿奏疏之例，别以書記一類附文集後，是又一見也。夫類書之收于子也，不知其何故，豈以包宇宙而羅萬有乎？然而類固不可以槩言也，如

《山堂考索》，六經之源委，纖備詳明，是類而經者也。杜氏《通典》、馬氏《通考》、鄭氏《通志》，歷朝令甲、古今故典，實在於此，是類而史者也。又如《藝文類聚》之備載詞賦，《合璧》《事類》之詳引詩文，是皆類而集矣。又如一人一時偶以見聞雜筆成書，無門類可分，無次第可據，如《野客叢談》、《戴氏鼠璞》、《夢溪筆談》、《丹鉛》諸録、《學圃藼蘇》〔一八〕、《焦氏筆乘》之類，既不同於小説，亦難目以類書，此正如王元美所謂騷與詩賦、若竹與草木，自爲一類者也。余謂宜名以雜纂，而與類書另附四部之後，是又一見也。要以一人之聞見有限，既不能窮覽載籍，一時之意見難憑，又未必盡當古今，即不欲同矮人之觀場，亦終似盲者之説日。爾輩能知品別甚難，博詢大方，參考同異，使井井不謬於前人，亦聚書一快事也。

已上五則，雖總歸識鑒，而別品類爲難，別品類于史則尤難。蓋正史之外有偏記，有小録，有逸事，有瑣言，有郡書，有家史，有別傳，有雜記，有地里，有都邑簿。如陸賈之《楚漢春秋》，樂資之《山陽載記》，王韶之《晉安陸紀》，姚梁之《後略》，是謂偏記。戴逵之《竹林名士》，王粲之《漢末英雄》，蕭世誠之《懷舊志》，盧志行之《知己傳》，是謂小録。乃有好奇之士，樂爲補亡，如和嶠《汲冢記年》、葛洪《西京雜記》、顧協《瑣語》、謝綽《拾遺》，此之謂逸事。又如劉義慶[一九]之《世説》，裴榮期之《語林》，孔思尚之《語録》，陽松玠之《談藪》，此之謂瑣言。若夫鄉人學士之所編記，如周稱之《陳留耆舊》，周斐[二〇]之《汝南先賢》，陳壽之《益都耆舊》，虞預之《會稽典録》，此之謂郡書。如楊雄《家譜》、殷敬《世傳》、孫氏《譜記》、陸氏《宗系曆》，此皆出其子孫，以顯先烈，所謂家史者也。如劉向之録《列女》，梁鴻之録《逸民》，趙採之録《忠臣》，徐廣之録《孝子》，此皆博採前史，稍加新言，所謂別傳者也。若《志怪》之述於祖台之，《搜神》之著於干寶，劉義慶之《幽明》，劉敬叔之《異苑》，皆屬禨記。若盛弘之記荆州，常璩之志華陽，辛氏《三秦》，羅含《湘中》，皆地里之書也。潘岳關中，陸機洛陽[二一]，《三輔黄圖》，《建業宫殿》，皆都邑之簿也。夫偏記小録，大抵筆時事于見聞，恒多寔録。然詞旨不文，而事無倫次，則其短也。逸事皆前史之所遺，非不可補撰述之未備，然事取奇異，而語多搆虚，則不足憑也。瑣言以莞爾之麈談，每不乏毅然之孤史，然而至於褻狎鄙猥，出自牀第，則有傷于風教矣。郡書行于一方，家史行于一家，易世之後，便多湮没。別傳可以興弔古之思，雜記足以新耳目之玩，然而摭實行于古人，杜末流之好恠，則君子惟正史之取裁耳。地里之述風物于一時，都邑之備制度于前代，雖史之不可闕者，而欲其言皆雅正，事無侈張，則古今不多見焉。夫史之流派，類約十端，而類之支分，更且千百，故曰：别品類于史，則尤難也。余是以取陸文裕流品之論，存其梗槩，而并示以鑒書之所急焉。

校勘記

〔一〕「皇」，抄本作「王」。

〔二〕「五」，原作「八」，據稿本、抄本改。

〔三〕「五十七」，原作「五十六」，據稿本、抄本改。

〔四〕「覩」，抄本作「見」。

〔五〕「不」，稿本、抄本無。

〔六〕「專」，原無，據稿本、抄本補。

〔七〕「所」，抄本訛作「無」。

〔八〕「已上三條……同志者共焉」原無，據稿本、抄本補。
〔九〕「黄」，原作「皇」，據稿本、抄本改。
〔一〇〕「勾」，稿本、抄本作「句」。
〔一一〕「書」，稿本、抄本作「志」。
〔一二〕「歌」，抄本作「數」。
〔一三〕「三十」，稿本、抄本誤作「十三」。
〔一四〕「首」字，抄本脱。
〔一五〕「固宜」，抄本互乙。
〔一六〕「哀」原作「褒」，據稿本、抄本改。
〔一七〕原作「藝文玉海」，稿本、抄本同，從零拾本乙。
〔一八〕「蘇」，原作「蔬」，稿本、抄本同誤。
〔一九〕「義慶」原互乙，稿本、抄本同誤，下同。
〔二〇〕「斐」，原作「裴」，稿本、抄本同，當作斐。
〔二一〕「洛陽」，底本、稿本原缺。

諸家語跋〔一〕

不購書而曰藏書，是矜所有之蒼壁小璣，而未睹積玉之玄圃也。不讀書而徒購書，是入郇公廚，芬芳侵鼻，而卒不以望腹染指也。購有方，藏有法，而讀有眼，書乃得其所歸。吾師祁先生澄懷味道，於一切泊如，而躭書一癖，不減伯倫嗜酒、子猷愛竹。自余得事祁先生以來，如在茂苑，在馬曹，至繁且劇，而有隙必書，無書不究。故洪鐘叩之必鳴，明鏡縣而屢照。動言成論，措事符經。若此者，乃真能讀書，幾於無可購、無用藏，抽之腹笥，富於武庫。即是家訓，上下千䆉，縱衡百氏，離合參伍，瓆細周匝，直寫家書，一一了了。真涉學之寶筏，好古之玄鑑矣。

萬曆癸丑十一月既望，門下陳元素題。

藏書約訓跋

「何必讀書然後爲學」，似見性語也，而子斥其佞，思深哉。夫學之不講，每始于不讀書，書通天下人之耳目，學所以通天下之志。世有矻矻編摩而不求其放心者乎？吾師祁先生深有味于魯直之言，曰：「勿令讀書種子斷絕。」諸凡約訓，惓惓教天下後世之藏書者，既明且至，其意不獨在子弟也。先生受學于古剡周師，吏治一本經術，人即不知其學之所在，第觀澹生堂訓語，亦思過半矣。蒙因先生提挈，最後事古剡，剡中先生贈以膝下我師之額，小子敢不勉焉！諺云：「得訣歸來好看書。」幼安常坐一木榻，萬卷不足多也。料先生必爲我色喜。

長洲門人管珍敬書。

讀祁師《藏書約訓》，何其蒐覽之閎而考覈之嚴也，蓋有自焉。祁師雅性沖夷，泊無他嗜，雖登仕版而世味了不縈心，齋居淡如也。淡故虛，虛故能容；淡故靈，靈故能通。其視經史子集，若日星之麗天，經緯無所不分；若江河之麗地，源委無所不窮。其間稗官野史，田謳牧唱，比事興情，載在編册，端衷真贗，洞若燭照，眼前便足千古哉。佩斯訓者，藏斯修斯，游斯息斯，精神之所證合，臭味之所潛通，不脛而走，無翼而飛，若有人天爲之呵護耶！彼王氏之青箱，李永和之百城，不得專門于前矣。

吴郡門人朱篁謹跋。

校勘記

〔一〕題目原無，點校者加。陳元素題記及以下管珍、朱篁跋語原無，據稿本補。

庚申整書小記

方余之藏書也，既與兒輩約：及吾之身則月益之，及爾輩之身，則歲益之，書目每五年一爲編輯。今其期矣，僻居海濱，不獲時從長者游。聞見寡渺，月益之約，雖食言自肥乎！而間有所遇，多方力搆，月計不足，歲計有餘。今則無者增，缺者補，蠹者理，亦既裒然集矣。里居多暇，兼以暑月謝客，袒裸褫屣，手自插架，揮汗如雨，樂此不爲疲也。兒輩乘間請曰：「大人篤嗜，亦已有年。晝夜之所拮据，遠邇之所搜訪，殆無寧刻。兒輩即不敢引彦國揺扇視事之勞，願大人思仲容生平幾兩之屐。況今疆埸羽書狎至，廟堂言武之時也。大人雖不懷用世之心，亦寧無憂國之念，奈何敝敝然耗精於鼠囓，而不鼓念于聞鷄乎？」余咲曰：「此是吾家墨兵，余日來正於此中部署整搠，第汝輩不解兵機耳。試與汝言之：手摽秘帙，親兵同渡江之八千；牀積奇編，愛士如成師之一旅，此吾之用寡法也。縹緗觸目，絕勝十部鼓吹；鉛槧由心，不減百城南面，此吾之用衆法也。架插七層，籍分四部，若卒旅漫野，而什伍井然；如劍戟摩霄，而旌旗不亂，此吾之部勒法也。目以類分，類由部統，暗中索摸，惟信手以探囊；造次取觀，若執鏡而照物，此吾之應卒法也。聯寡以成衆，積少以爲多，抽一卷而萬卷可窺，舉一隅而三隅在目，此吾聯絡駕馭之法也。借録不出于園門，取觀不歸于私室，散帙勤收，如絶流之不遺涓滴；蠹餘必理，同牧馬之去其敗羣，此吾堅壁清野之法也。以我精騎三千，勝君羸卒十萬，盡翻窠臼，欲搥黄鶴之樓；獨識筌蹄，直上赤虹之座，此吾用寡以禦衆之法也。轉覓轉奇，日繁日異，以我所餘，易人所有，雖不無得隴望蜀之譏，然每收拔趙豎劉之幟，此又吾借資于人，而因糧于敵之法也。奇書未獲，雖千里以必求；異本方來，即片札之必珍〔一〕。近而漁唱，遠及雞林，往往聚海外之編摩，幾不減域中之著作。此又吾驅市人戰，而令女子陣者也。慨遺書之難遇，殘闕必收；念物力之不充，鼠蠹并採。或補綴而成鶉結之衣，或借録而合延津之劍。此又吾之收散合奔，而轉弱爲强者也。所患者得之未能讀，讀之未能臆。如道濟之量沙，士終不能宿飽。亦如餅師作餅，終日未嘗入口，與旁觀者同爲枵腹耳。借箸空談，固兵家之深病，亦吾輩之最宜警惕者也。至於憂國，人孰無胸？先輩有云：士大夫當有憂國之心，不當有憂國之語。諒哉斯言！

先得我心矣。」兒輩矍然起曰：「審如大人言，則經濟之無間于升沉顯晦也，明矣。昔人之度謝公，謂安石既與人同其樂，自不得不與人同其憂。古來觀人之微，輒從嘯咏步履之間，便識匡時用世之念。兒輩愧古人遠矣，今而後，惟當廣營墨莊，以安集吾家之墨兵。時抽精騎，益簡勝師，終不敢令人呼馬服君子也。」余咲而頷之，因屬筆爲記。時庚申之七月望後一日曠翁手識〔二〕。

校勘記

〔一〕「札」，宋抄本作「牋」。「珍」作「寶」。

〔二〕「曠翁手識」，據稿本、宋抄本補。

庚申整書例略四則

一曰因因者，因四部之定例也。部有類，類有目，若絲之引緒，若網之就綱，井然有條，雜而不紊。故前此而劉中壘之《七略》、王仲寶之《七志》、阮孝緒之《七録》，其義例不無取裁，而要以類聚得體，多寡適均。惟荀氏之四部稱焉，兩漢而下，志文藝者無不守爲功令矣。若嘉、隆以來，陸文裕公之藏書分十三則，一録經，次録性理，又次録史、録古書、録諸子、録文集、録詩、録類書、録雜史、録志、録韻書、録小學醫藥、録〔一〕雜流，而以宸章令甲，别爲制書，示不敢瀆也。沈少司空稍爲部署，而首重王言，故一曰制；二曰謨；三曰經；四曰史；五曰子；六曰集；七曰别，别者，道其所道非聖人之所謂道也；八曰志；九曰類；十曰韻字；十一曰醫；十二曰雜。雖各出新裁，别立義例，然而王制之書不能當史之一，史之書不能當集之三，多者則叢聚而易淆，寡者又寂寥而易失，總不如經、史、子、集之分簡而盡，均〔二〕而且詳，循序仿目，撿閲〔三〕收藏，莫此爲善。而間有未備，如釋氏一〔四〕家，鄭漁仲之所收，皆東土之著述，而西土重譯、單譯者，俱無聞焉。則釋藏總目，條分甚析，經有大、小乘之分，乘有重譯、單譯之辨，爲律、爲論、爲疏註、爲銓述，皆一一可考，總之〔五〕不嫌襲故。

一曰益益者，非益四部之所本無也，而似經似子之間，亦史亦玄之語，類無可入，則不得不設一目以彙收。而書有獨裁，又不可不列一端以備考。故洪荒邈矣，而《竹書記年》之後，有《荒史》，有《邃古記》，有《考信》等編。世代繁矣，而《皇極經世》之後，有《稽古録》，有《大事記》，有《世略治〔六〕統》等書。此數十種者，皆於十許卷之中，約千萬年〔七〕之事，既非正史之敘述，亦非稗史之瑣言，蓋於記傳之外，自爲一體者也。故益以約史者一。《性理》一書，奉欽纂于文皇，雖近録宋儒之詮述，然而言乎天地之間則備矣。他如《伊洛淵源》《近思録》，及真文忠公之《讀書記》、黄東發之《日抄》，與湛文簡公之《聖學〔八〕格物通》、王文成公之《則言》《傳習録》，及前後請儒論學之語〔九〕，或援經釋傳，或據古證今，此皆六經之註脚，理學之白眉，豈可與諸子并論哉？故於經解之後，益以理學者二。代制出于王言，非臣子所敢自擅，經筵關〔一〇〕乎主德，非講義之可例觀。然而兩者皆無專刻，惟各取本集之所載，而特附其名目於詔制、經解之内，故益代言經筵者三。叢書之目，不見於古，而冗編之著，疊出于今。既非旁搜博採以成一家之言，復非別類分門以爲考覽之助。合經史而兼有之，採古今而并集焉。如後世所刻《百川學海》《漢魏叢書》《古今逸史》《百家名書》《稗海》《秘笈》之類，斷非類家所可併收，故益以叢書者四。文有滑稽，詩多艷語，搜耳目未經見之文，既稱逸品；摘古今所共賞之句，獨誇粹裘，非可言集而要亦集之餘也。益餘集者五。其他各目，所增固難槩數，雖似别蜂房之户，而實非爲蛇足之添。如有請益，以俟再舉。

一曰通通者，流通于四部之内也。事有繁于古而簡於今，書有備于前而略於後。故一《史記》也，在太史公之撰著，與裴駰之註，司馬貞之《索隱》，張守節之《正義》，皆各爲一書者也。今正史則兼收之，是一書而得四書之實矣。一《文選》也，昭明之選與五臣之註、李善之補，皆自爲一集，今行世者，則併刻之，是一書而得三書之用矣。所謂以今之簡，可以通古之繁者，此也。至於前代制度，特悉且詳，故典故、起居注及儀注之類，不下數百部，而今且寥寥也，則視古爲略矣。故附記注於小史，附儀注於國禮，附食貨於政實，附曆法于天文，此皆因繁以攝簡者也。古人解經，存者十一，如歐陽公之《易童子問》、王荆公之《卦名解》、曾南豐之《洪範傳》，皆有别本，而今僅見于文集之中，惟各摘其目，列之本類，使窮經者知所考求，此皆因少以會多者也。又如《靖康傳信録》《建炎時政記》，此雜史也，而載于李忠定之奏議；《宋朝祖宗事實》及《法制人物》，此記傳也，而收于朱晦翁之《語録》。如羅延平之集，而《尊堯録》則史矣；張子韶之集，而《傳心録》則子矣。他如瑣記、稗史、小説、詩話之類，各自成卷，不行别刻，而附見于本集之中者，不可枚舉。即如弇州集之《藝苑卮言》《宛委餘編》，又如馮元敏集之《藝海洞酌》《經史稗談》，皆按籍可見，人所知也。而元美之《名卿蹟記》，元敏之《寶善編》，即其集中之小傳者，是兩書久已不行，苟非爲之摽識其目，則二書竟無從考矣。凡若此類，今皆悉爲分載，特明註原在某集之内，以便檢閲，是亦收藏家一捷法也。

一曰互互者，互見于四部之中也。作者既非一途，立言亦多旁及。有以一時之著述，而倏爾談經，倏而論政；有以一人之成書，而或以摭古，或以徵今。將安所取衷乎？故同一書也，而於此則爲本類，於彼亦爲應收，同一類也，收其半於前，有不得不歸其半於後。如《皇明詔制》，制書也，國史之内〔一一〕，固不可遺，而詔制之中，亦所應入。如《五倫全書》，勅纂也，既不敢不尊王而入制書，亦不可不從類而入纂訓。又如《焦氏易林》《周易古林》，皆五行家也，而易書占筮之内，亦不可遺。又如王伯厚之《玉海》則《玉海》耳，鄭康成之易詩地理之考，《六經天文》，《小學紺珠》，此於《玉海》何涉？而後人以便於考覽，摠列一書之中，又安得不各摽其目，毋使溷淆者乎？其他如《水東日記》《雙槐歲抄》，陸文裕公之別集，于文定公之《筆塵》，雖國朝之載筆，居其強半，而事理之詮論亦略相當。皆不可不各存其目，以備考鏡。至若《木鍾臺集》、《閒雲館別編》、《歸雲別集》、《外集》、范守己之《御龍子集》，如此之類，一部之中，名籍不可勝數，又安得槩以集收，溷無統類？故往往有一書而彼此互見，有同集而名類各分者，正爲此也。余所詮次，大略盡是。聊引其端，庶幾所稱詳而核，雜而不厭者乎？

校勘記

〔一〕「録」，稿本、宋抄本無。

〔二〕「均」，稿本、宋抄本作「約」。

〔三〕「撿閲」，稿本、宋抄本作「簡閲」，下同。

〔四〕「一」，稿本、宋抄本無。

〔五〕「總之」，據稿本、宋抄本補。

〔六〕「治」，宋抄本作「志」。

〔七〕「年」，稿本、宋抄本無。

〔八〕「聖學」，稿本、宋抄本無。

〔九〕「及前……語」，據稿本、宋抄本補。

〔一〇〕「闢」，稿本、宋抄本作「闢」。

〔一一〕「内」，稿本無，宋抄本作「中」。

澹生堂藏書附録

上圖藏本顧廣圻題記

丙子夏五，從敦翁先生借閲一過，别本迥異，緣祁氏以五年、十年一編次，而隨時傳出所致耳。當更借他本，取最多者爲最後所編次也。元和顧廣圻記。

藕香零拾本繆荃孫跋

右《澹生堂藏書約》一卷，明祁承㸁撰。按，承㸁字爾光，浙江山陰人。萬曆甲辰進士，歷官江西右參政，晚號曠翁，有《澹生堂集》。喜聚書，澹生堂，其藏書之庫也。子忠敏公彪佳，亦喜聚書，嘗以朱紅小榻數十張，頓放縹碧，諸函牙籤如玉，風過有聲鏗然。今流傳書目八卷，其藏書章曰「子孫永珍」，曰「曠翁手識」，又有藏書銘一印，其文曰「澹生堂中儲經籍，主人手校無朝夕。讀之欣然忘飲食，典衣市書恒不給。後人但念阿翁癖，子孫益之永弗失」，其好書可謂至矣。此約刻入長塘〔一〕鮑氏《知不足齋叢書》，分子目四：曰讀書訓，曰聚書訓，曰購書訓，曰鑒書訓。約簡而明，足爲藏書者法，後遭喪亂，其家悉載至雲門山化鹿寺，因之遂散。黄太沖先生入山檢點三晝夜，載十捆而出，其精華悉歸之，其奇零者歸於石門吕莊生。莊生有詩云：「阿翁銘識墨猶新，大擔論斤換直銀。説與癡兒休笑倒，難尋幾世好書人。」「宣綾包角藏經箋，不抵當年裝釘錢。豈是父書渠不惜，祇緣參透達磨禪。」祖父積累有年，一入子孫之手，無不煙銷灰滅，凡收藏家類然，不但澹生堂也。光緒丙申十月，江陰繆荃孫跋。

原跋本於《史通·雜述篇》所引各書，均見《隋經籍志》，《晉安陸紀》當作《晉隆安記》，姚梁之後略，當作姚最、梁昭後略。惟趙采之録忠臣，諸書未見，《隋志》：「《忠臣傳》三十卷。」梁元帝撰《金樓子·著書篇》曰：「《忠臣傳》三帙，金樓自爲序。」《藝文類聚》引《傳總序》曰：「孝子、烈女、逸民，咸有别傳。至於忠臣，曾無述製。今將發篋陳書，備加討論。」則元帝以前，别無録忠臣者，當云「蕭繹之録忠臣」，與《自序》烈女、逸民、孝子并列亦合。荃孫再跋。

鄭振鐸劫中得書記

澹生堂藏書訓約明祁承㸁著，不分卷，一册，萬曆丙辰（四十四年）刊本

《紹興先正遺書》本《澹生堂書目》，首附《藏書約》《庚申整書小記》及《整書略例》。繆筱珊嘗刊祁氏之《藏書約》及《藏書訓》《讀書訓》。此書則爲萬曆原刊本，《讀書訓約》及《整書小記》等，均備於一編，諸藏書家皆未著録，誠秘笈也。首有郭子章、周汝登、沈淮、李維楨、楊鶴、馬之駿、錢允治諸人題序，亦他書所未見者。葉銘三攜明刊殘書百數十種來，余選購數十種，價甚昂。此書亦在其中，獨不闕，余得之大喜。快讀數過，若與故人對話，娓娓可聽，語語皆從閱歷中來，親切之至。蓋承㸁不僅富於藏書，亦善於擇書、讀書也。惟甘苦深知，乃不作一字虚語。余所見諸家書目、序跋及讀書題跋，惟此書及黄蕘圃諸跋最親切動人，不作學究態，亦無商賈氣，最富人性，最近人情，皆從至性中流露出來之至文也。繆刻多錯字，紹興先正本亦多删削。稍暇，當以此本重印行世，以貽諸好書者。

校勘記

〔一〕「塘」，原誤作「興」，今乙正。

藏書記要

〔清〕孫從添　撰

藏書記要

余無他好，而中於書癖。家藏卷帙不下萬數。雖極貧，不忍棄去。然聖賢之道，非此不能攷證。數年以來，或持槖以載所見，或攜篋以志所聞，念兹在兹，幾成一老蠹魚矣。同志欲標其要，竊不自量，記爲八則。其當與不當，冀有識者諒之，以爲芻蕘之一〔一〕得云耳。虞山上善堂慶增氏孫從添筆。

第一則 購求

購求書籍，是最難事，亦最美事、最韻事、最樂事。知有是書而無力購求，一難也。力足以求之矣，而所好不在是，二難也。知好之而求之矣，而必欲較其值之多寡、大小焉，遂致坐失於一時，不能復購於異日，三難也。不能搜之於書傭，不能求之於舊家，四難也。但知近求，不知遠購，五難也。不知鑒識真僞、檢點卷數、辨論字紙，貿貿購求，每多缺軼，終無善本，六難也。有此六難，則雖有愛書之人，而能藏書者鮮矣。而我謂購之、求之，得一善本爲美事者，何也？夫天地間之有書籍也，猶人身之有性靈也。人身無性靈，則與禽獸何異？天地無書籍，則與草昧何異？故書籍者，天下之至寶也。人心之善惡，世道之得失，莫不辨於是焉。天下惟讀書之人，而後能修身，而後能治國也。是書者又人身中之至寶也。以天下之至寶，而一旦得之。以人身之至寶，而我獨得之，又不至埋没於塵土之中，抛棄於庸夫之室，豈非人世間一大美事乎？且與二三知己，與能識古本、今本之書籍者，并能道其源流者，能辨原板、翻板之不同者，知某書之久不刷印、某書之止有鈔本者，或偕之間訪於坊家，密求於冷鋪，於無心中得一最難得之書籍，不惜典衣，不顧重價，必欲得之而後止。其既得之也，勝於拱璧，即覓善工裝訂，置之案頭，手燒妙香，口喫苦茶，然後開卷讀之，豈非人世間一大韻事乎？至於羅列已多，收藏既富，牙籤錦軸，鱗比星章〔二〕，不待外求，而珍寶悉備。以此爲樂，勝於南面百城多矣。

第二則　鑒別

夫藏書而不知鑒別，猶瞽之辨色，聾之聽音。雖其心未嘗不好，而才不足以濟之，徒爲有識者所笑，甚無謂也。如某書係何朝何地著作，刻於何時，何人翻刻，何人鈔録，何人底本，何人收藏，如何爲宋元刻本，刻於南北朝何時何地，案，此云南北朝，當指宋金元之閒，下同。〔三〕如何爲宋元精舊鈔本，必須眼力精熟，攷究確切，再於各家收藏目録、歷朝書目、類書、總目、讀書志、敏求記、經籍攷、志書〔四〕、文苑志、書籍志、二十一史經〔五〕籍志、名人詩文集書序跋文内查攷明白，然後四方之善本、秘本或可致也。周星詒題識：近日有張金吾《藏書志》及《續志》，黄丕烈《讀未見齋書目》，錢儀吉《曝書雜記》，蔣光煦《東湖叢記》，陳鱣《經籍跋尾》，究論校讎，考訂善否，皆不可少之書也。吴兔床書跋刻在《别下齋叢書》。大抵收藏書籍之家，惟吴中蘇郡、虞山、崑山，浙中嘉、湖、杭、寧、紹最多，金陵、新安、寧國、安慶及河南、北直、山東、閩中、山西、關中、江西、湖廣、蜀中亦不少藏書之家，案，藏書家江浙而外，以山東、福建爲最，四川則絶無矣。在其人能到處訪求、辨别真僞，則十得八九矣。周星詒題識：又瞿子雍《恬裕齋目》：京都、江浙書賈多割裂古書序跋，作僞售欺，不如閩粤舊家散出之書，多存真面。藏書之道，先分經史子集四種，取其精華，去其糠秕。經爲上，史次之，子集又次之。凡將〔六〕收藏者，須看其板之古今，紙之新舊好歹，卷數之全與缺，不可輕率。大略從十三經、二十一史、三通、三記辨起，周星詒題識：宋元經解陳陳相因，殊無益學術。惟宋元槧經文，多是舊本，可據以勘正通行本之譌脱耳。《十三經》，蜀本爲最，北宋刻第一，巾箱板甚精，其次南宋本亦妙，唐本不可得矣，北監板無補板初印亦可，其餘所刻，各有不同。《十七史》，宋刻九行十八字最佳，案，各史宋刻之佳者，以十行十九字最佳，九行十八字則罕見矣。北宋本細字《十三經注疏》、《十七史》亦精美可愛。南北朝各家經、史、《漢書》，字劃〔七〕甚精，其十七史北監板無補板初印本亦妙，宋、遼、金、元四史，以初印好紙者爲佳，而零收雜板舊板刻本，湊成原印者，勝於南監本多矣。案，南監本《廿一史》調取各學宋元板修配印行，舊印本自佳。北監刻於萬曆年閒，即照南監本重刻，改易行款，有南監缺葉而誤連者，最不足重。此所紀，恐南北互訛。惟毛氏汲古閣《十三經》、十七史，校對草率，錯誤甚多，不足貴也。周星詒題識：北監本《十三經》，從南監十行本出，未爲善本。《十七史》九行十八字者，皆宋刻。明朝版在南監，屢有修補，不免訛舛，然猶勝北本也。宋元等四《史》，所謂雜版者，《宋史》則元及廣東刻，《遼》《金》則元刻爲貴，然未易見也。汲古閣經史，盧抱經謂勝于殿本，然世多翻刻，元本亦不多見也。宋刻本書籍傳留至今，已成希世之寶，其未翻刻者及不全者，即翻刻過而又不全者，皆當珍重之，吉光片羽，無不奇珍，豈可輕放哉？宋刻有數種，蜀本、太平本、臨安書棚本、書院學長刻本、仕紳請刻本、各家私刻本、御刻本、麻沙本、茶陵本、鹽茶本、釋道二藏刻本、銅字刻本、活字本，諸刻之中，惟蜀本、臨安本、御刻本爲最精。又有元翻宋刻本、明翻宋刻本、金遼刻本、元初刻本作宋刻本，明初刻本作元刻本、金遼刻本，與宋刻本稍遜。而蘇人又將明藩本、明蜀本、明翻宋刻本，假刻本文序跋，染紙色僞作宋刻，真贋雜亂，不可不辨。而宋元刻本書籍雖真，而必原印初刻、不經圈點者爲貴。古人尊重宋刻，弗輕塗抹，後世庸流俗子，不知愛惜書籍，妄自動筆，有始無終，隨意圈點，良可歎也。鑒别宋刻本，須看紙色羅紋、墨氣、字劃、行款、忌諱字、單邊，末後卷數，不刻末行，隨文隔行刻，又須將真本對勘乃定。如項子京《蕉窗九録》、董文敏《清秘録》，講究宋刻，僅舉其大略耳。近又將新翻宋刻本，去其年月，染紙色，或將舊紙印本，僞作宋刻，甚多。若果南北宋刻本，紙質羅紋不同，字畫刻手古勁而雅，墨氣香淡，紙色蒼潤，展卷便有驚人之處。所謂墨香紙潤、秀雅古勁，宋刻之妙盡之矣。汲古主人集大小各種宋刻《史記》一部，名曰「百合錦《史記》」，以此對勘，方爲精詳而無錯誤者也。元刻不用對勘，其字脚、行款、黑口，一見便知。而洪武、永樂閒所刻之書，尚有古意，至於以下之板，更不及矣。周星詒題識：明嘉、弘以前，刻本及仿宋本頗多佳者。萬曆以後，則絶少善本矣。况明紀〔九〕刻本甚繁，自南北監板以至藩院刻本、御刻本、欽定本、各學刻本、各省撫按等官刻本，又有閩板、浙板、廣板、金陵板、太平板、蜀板、杭州刻本、河南刻本、延陵板、王板、袁板、樊板、錫安氏板、坊板、凌板、葛板、陳明卿板、内監廠板、陳眉公板、胡文焕板、内府刻本、閔氏套板，周星詒題識：閩書林本舛誤最多，凌氏評林本甚佳，與萬曆刻《子彙》、嘉靖刻唐集，皆祖善本也。宋元人集得明正嘉以先槧本，與初刻本同。所刻不能悉數，惟有王板翻刻宋本《史記》之類爲最精。北監板、内府板、藩板，行款、字脚不同，袁板亦精美，較之胡文焕、陳眉公所刻之書多而不及。其外各家私刻之書，亦有善本可取者，所刻好歹不一耳。稚川凌氏與葛板無錯誤，可作讀本。獨有廣、浙、閩、金陵刻本最惡而多，陳明卿板、閔氏套板亦平常，汲古閣毛氏所刻甚繁，好者亦僅〔一〇〕數種。本朝所刻之書，有御刻、精刻，可與宋竝，惟《全唐詩》雖極精美，惜乎校正猶爲未盡也。若外國所刻之書，高麗本最好，五經、四書、醫藥等書，皆從古本。凡中夏所刻，向皆字句脱落、章數不全者，高麗竟有完全善本。天文、算法，西洋爲最。宋本釋、道二藏經典，周星詒題識：魏稼孫云，泉州□□寺有宋刻釋藏。刻本行款，非長條行款，即闊本，另自一種，與所刻不同。五代刻本，六經刻起，蜀本六經第一，今亦罕有。《史》《漢》至宋初方行刻板，印本便於誦讀，相傳至今，盛行於世久矣。所以書籍首重經史，其次子集。鑒別書籍，經史中有疏義、注解、圖説、論講、史斷、互攷、補缺、攷略、刊正謬俗、稗官野史、各國春秋、傳載音釋句解者，當細心鑒之。至於雜記、小説、偶録之書，有關行誼、攷據、學問、政治者，紬繹而收藏之。述古文詞、翰苑、經濟之文，小學、字學、韻學、山經、地志、遊覽、技藝、養生、博物、種植、歲時、醫卜、九流雜技之書，有關利濟學術者，亦須留意。文辭、詩集、文集、詞曲、碑記、性理、語録、子書、小説等書，皆當擇其最上者收藏之。各種書籍，務於舊刻秘鈔、完全善本爲妙。又必於《稗統》《稗海》《百川學海》《眉公秘笈》《文焕叢書》《漢魏》《唐宋叢書》《夷堅志》《津逮秘書》《邱林學山》《顧氏四十小説》《皇宋四十家小説》《皇明小説》等書，擇其卷數完全刻本，與宋本、舊鈔、秘鈔本對明卷數、字句，同與不同，一一記清以便檢。不全而未備者棄之，見有全而精美者收藏之，經解亦然。而本朝又有《説鈴》《學海類編》《昭代叢書》，亦當查清記出。漢、唐、宋、元、明詩文集，有《漢魏百三名家》、《唐音統籤》、《全唐詩》、趙孟頫《分類唐詩》、吴門席氏《百家唐詩》等書，揀擇善本，校正宋刻底本，收藏爲美。若見有未入大部者，乃爲秘本，賞鑒者當究心别之。

第三則　鈔録

書之所以貴鈔録者，以其便於誦讀也。歷代好學之士，皆用此法。所以有刻本，又有鈔本，有底本。底本便於改正，鈔本定其字劃，於是鈔録之書，比之刊刻者更貴且重焉。況書籍中之秘本，爲當世所罕見者，非鈔録則不可得，又安可以忽之哉？從未有藏書之家，而不奉之爲至寶者也，則其道固不可不講也。宋人鈔本最少，字畫墨氣古雅，紙色羅紋舊式，方爲真本。周星詒題識：予少客吴中，于玄妙觀前黄氏滂喜園書鋪得宋鈔《鬼遺方》五卷，爲述古堂舊物，《敏求記》所載者也。黄復翁一再跋之，極爲珍秘。庚申歲，赴官閩中，以藏書寄儲，傳節之寇亂後，遂不可復問矣。生平宋鈔，僅見此而已。若宋紙而非宋字，宋跋宋款而非宋紙，即係僞本。或字樣、紙色、墨氣，無一不真，而圖章不是宋鐫，印色不舊，割補湊成，新舊相錯，終非善本。元人鈔本亦然。常見古人稿本，字雖草率，而筆法高雅，紙墨、圖章，色色俱真，自當爲希世之寶。以宋元人鈔本，較之宋刻本而更難也。明人鈔本，吴門朱性甫、錢叔寶子允治手鈔本最富，後歸錢牧翁，絳雲焚後，僅見一二矣。吴寬、柳僉、吴岫、孫岫、太倉王元美、崑山葉文莊、連江陳氏、嘉興項子京、虞山趙清常、洞庭葉石君諸家鈔本，俱好而多，但要完全校正題跋者，方爲珍重。王雅宜、文待詔、陸師道、徐髯翁、祝京兆、沈石田、王質、王穉登、史鑑、邢參、楊儀、楊循吉、彭年、陳眉公、李日華、顧元慶、都穆、俞貞木、董文敏、趙凡夫、文三橋、湖州沈氏、寧波范氏、吴氏、金陵焦氏、桑悦、孫西川皆有鈔本，甚精。新鈔，馮巳蒼、馮定遠、毛子晉、馬人伯、陸敕先、錢遵王、毛斧季各家，俱從好底本鈔録。惟汲古閣印宋精鈔，古今絶作，字畫紙張，烏絲圖章，追摹宋刻，爲近世無有能繼其作者，所鈔甚少。至於前朝内閣鈔本，生員寫校者爲上，《文苑英華》《太平廣記》《太平御覽》《百官攷傳》《皇明實録》等書，大部者必須嘉、隆鈔本方可。若内監鈔本、南北監鈔本，皆惡濫不堪，非所貴也。余見葉石君鈔本，校對精嚴，可稱盡美。錢遵王鈔録書籍，裝飾雖華，固不及汲古多而精、石君之校而備也。古人鈔録書籍，俱用黄紙，後因詔誥用黄色紙，遂易以白紙。宋元人鈔本用册式，而非漢唐時卷軸矣，其記跋校對，極其精細，筆墨行款，皆生動可愛。明人鈔本，各家美惡不一，然必有用之書，或有不同常本之處，亦皆録而藏之。然須細心紬繹，乃知其美也。吴匏菴鈔本用紅印格，其手書者佳。吴岫、孫岫鈔用緑印格，甚有奇書，惜不多見。葉文莊鈔本用緑、墨二色格，校對有跋者少，未對草率者多，間有無刻本者，亦精。至於《楊誠齋集》、《周益公集》、各朝實録、《北盟會編》、《校正文苑英華》等書，雖大部難以精鈔，亦不可忽，但須校正無訛、不遺漏爲要耳。大凡新鈔書籍，已屬平常，又弗校正，難言善也。凡書之無處尋覓者，其書少，必當另鈔底本，因無刻本故也。若鈔録精工，則所費浩繁，雖書寫不工，亦必珍之重之，留爲秘本。前輩鈔録書籍，以軟宋字，小楷顔、柳、歐字爲工，宋刻字更妙，摹宋板字樣，筆畫均匀，不脱落，無遺誤，烏絲行款，整齊中帶生動，爲至精而備美。序跋、圖章、畫像，摹仿精雅，不可呆板，乃爲妙手。鈔書要明於義理者，一手書寫，無脱漏錯誤，無破體字，用墨一色，乃爲最善。若鈔底本，大部書，用行書爲上，草書亦可，但以不差落爲主。若字好而不明文理者，僅可印鈔而已。鈔本書，畫圖最難，用白描法，運筆古雅秀勁爲主，人物畫像要生動，又要清雅而端莊，方爲合式。有《皇宋五彩畫本本草圖經》最精工，集天下名手，著色畫成。又有白描《列女傳》、《孝經》等書，無出其右者。近時錢遵王有五色彩著色畫本《香奩集》、白描《鹵簿圖》、《營造法式》、《營造正式》等書，雖弗及前人，今亦不可得矣。所以鈔録書籍，亦非易事也，識者鑒之。

第四則　校讎

校讎書籍，非博學好古、勤於看書而又安閒者，不能動筆校讎書籍。所以每見庸常之人，較書一部，往往弗克令終，深可恨也。惟勤學好問、隱居君子，方能爲之。古人每校一書，先須細心紬〔一二〕繹，自始至終，改正字謬錯誤，校讎三四次，乃爲盡善。至於宋刻本，校正字句雖少，而改字不可遽改書上，元板亦然。須將改正字句寫在白紙條上，薄漿浮簽貼本行上，以其書之貴重也。凡校正新書，將校正過善本對臨可也，倘古人有誤處，有未改處，亦當改正。若明板坊本、新鈔本，錯誤遺漏最多，須覓宋元板、舊鈔本、校正過底本，或收藏家秘本，細細讎勘，反覆校過，連行款俱要照式改正，方爲善本。若古人有弗可攷究、無從改正者，今人亦當多方請教博學君子、善於講究古帖之士，又須尋覓舊碑版文字，訪求藏書家秘本，自能改正。然而校書非數名士相好，聚於名園讀書處，講究討論，尋繹舊文，方可有成，否則終有不到之處。所以書籍不論鈔刻好歹，凡有校過之書，皆爲至寶。至於字畫之誤，必要請教明於字學、聲韻者，辨別字畫、音釋，方能無誤。古用雌黄校書，因古時皆用黄紙寫裝成卷軸，故名黄卷，其色相同，塗抹無痕迹也。後人俱用白紙鈔刻，又當用白色塗抹。今之改字，用淡色青田石磨細，和膠做成錠子，磨塗紙上，改字最妙。用鉛粉終要變黑，最不可用。若大部書籍，延請多人分校，呈於總裁，計日乃成。若校正刊刻，非博雅君子有力而好古者不能也。書籍上板，必要名手校正方可刊刻，不然枉費刻資，草率刻成，不但遺誤後人，反爲有識〔一二〕所笑。惜乎古今收藏書籍之人，不校者多，校者甚少，惟葉石君所藏書籍，皆手筆校正，臨宋本、印宋鈔，俱借善本改正，博古好學，稱爲第一。葉氏之書，至今爲寶，好古同嗜者賞識焉。

第五則　裝訂

裝訂書籍，不在華美飾觀，而要護帙有道，款式古雅，厚薄得宜，精緻端正，方爲第一。古時有宋本、蝴蝶本、册本，各種訂式，書面用古色紙，細絹包角，裱書面用小粉糊入椒礬細末，於良太史連三層裱好，貼於板上挺足，候乾揭下壓平用。須夏天做，秋天用。摺書頁要摺得直，壓得久，捉得齊，乃爲高手。訂書眼要細，打得正而小，草訂眼亦然。又須少，多則傷書腦，日後再訂即眼多易破，接腦煩難。天地頭要空得上下相趁，副頁用太史連，前後一樣兩張。截要快刀截，方平而光，再用細砂石打磨，用力須輕而勻，則書根光而平。否則不妥。訂綫用清水白絹綫雙根，訂結要訂得牢、嵌得深，方能不脱而緊。如此訂書，乃爲善也。見宋刻本襯書紙，古人有用澄心堂紙，書面用宋箋者，亦有用墨箋洒金書面者，書簽用宋箋、藏經紙、古色紙爲上。至明人收藏書籍，講究裝訂者少，總用棉料古色紙書面，襯用川連者多。錢遵王述古堂裝訂書面，用自造五色箋紙，或用洋箋書面，雖裝訂華美，却未盡善。不若毛斧季汲古閣裝訂書面，用宋箋、藏經紙、宣德紙、染雅色自製古色紙更佳。至於松江黄緑箋紙書面，再加常錦套、金箋貼簽，最俗。收藏家間用一二錦套，須真宋錦，或舊錦，舊刻絲，不得已，細花雅色，上好宫錦則可，然終不雅，僅可飾觀而已矣。至於修補舊書，襯紙平伏，接腦與天地頭并。補破貼、欠口，用最薄綿紙熨平，俱照補舊畫法，摸去一平，不見痕迹，弗覺鬆厚，真妙手也。而宋元板有模糊之處，或字脚欠缺不清，俱用高手摹描如新，看去似刻，最爲精妙。書套不用爲佳，用套必蛀，雖放於紫檀、香楠匣内藏之，亦終難免。惟毛氏汲古閣用伏天糊裱，厚襯料壓平，伏棱面用灑金墨箋，或石青、石緑、棕色、紫箋，俱妙。內用科舉連裱裹，糊用小粉、川椒、白礬、百部草細末，庶可免蛀。然而偶不檢點，稍犯潮濕，亦即生蟲，終非佳事。糊裱宜夏，摺訂宜春，若夏天摺訂，汗手并頭汗滴於書上，日後泛潮，必致霉爛生蟲，不可不防。凡書頁少者宜襯，書頁多者不必。若舊書宋元鈔刻本，恐紙舊易破，必須襯之，外用護頁方妙。書簽用深古色紙裱一層，簽要款貼，要正齊，不可長短闊狹、上下歪斜，斯爲上耳。虞山裝訂書籍，講究如此。聊爲之記，收藏家亦不可不知也。

第六則　編目

藏書四庫，編目最難，非明於典籍者不能爲之。大凡收藏家編書目有四，則不致錯混顛倒，遺漏草率，檢閲清楚，門類分晰，有條有理，乃爲善於編目者。一編大總目録，分經、史、子、集，照古今收藏家書目行款，或照《經籍攷》《連江陳氏書目》，俱爲最好，可謂條分縷晰精嚴者矣。前後用序跋，每一種書分一類寫，某書若干卷，某朝人作，該寫著者、編者、述者、撰者、録者、注者、解者、集者、纂者，各各寫清，不可混書。係宋板、元板、明板、時刻、宋元鈔、舊鈔、明人鈔本、新鈔本，一一記清。校過者寫某人校本，下寫幾本或幾册，有套無套。一種門類寫完，後〔一三〕存白頁，以備增寫新得之書。編成一部，末後記書若干部，共若干册，總數於後，以便查閲有無。將來即爲流傳之本，其分年代不能全定，因得書先後不一，就其現在而録之可也。釋道二氏之經典、語録，附於後。寫清裝成，藏於家。二編宋元刻本、鈔本目録，亦照前行款式寫，但要寫明北宋、南宋，宋印、元印、明印本，收藏跋記、圖章、姓名、有缺無缺、校與未校。元板亦然。另貯一櫃，照式行款寫之，櫃用封鎖，不許擅開。精鈔、舊鈔、宋元人鈔本、秘本書目，亦照前行款式寫，但要寫明何人鈔本，記跋、圖章、姓名，有缺無缺。不借本，印宋鈔本，有板無板，校過者書某人校本，或底本、臨本，録成一册。雖目録亦不可輕放，恐人借觀遺失。非常行書籍，皆罕有之至寶，收藏者慎之寶之。三編分類書櫃目録一部，以便檢查而易取閲。先將書櫃分編字號，櫃内分三隔，櫃門背左，實貼書單三張，分上、中、下，各照櫃隔寫書目、本數於上，以便查取。右門背貼書數目，亦分三張，上、下、中，另寫一長條於傍，記書總數目，而所編之書目，照櫃字號，亦分寫上、中、下三隔，先寫經部某字號，櫃内上隔某一部，若干卷，某人作某板，共幾册，上隔共書若干部，共若干本，一二三隔照寫，一櫃則結總數,都寫完則寫大總結數於末行後頁。如有人取閱、借鈔,即填明書目上某年某月某日某人借或取閱,一月一查,取討原書,即入原櫃,銷去前注。借者更要留心,若一月不還,當使催歸原櫃,不致遺失。此本書目最爲要緊,須託誠實君子經管,庶可無弊。四編書房架上書籍目録,及未訂之書、在外裝訂之書、鈔補批閱之書,各另立一目,候有可入收藏者,即歸入櫃,增上前行各款書目内,可也。寫書根用長方桌一隻,坐身處桌面中挖一塊板,中空五本書,厚縫一條,挾書於中紮緊,書與桌平,照書名、行款、卷數,要簡而明,細楷書寫之,用墨筆畫勻細清朗,乃爲第一。虞山孫姓行二者,寫書根最精,一手持書,一手寫小楷,極工,今亦罕有能者。書上挂簽,用礬紙或細絹,摺一寸闊,照書長短,夾簽於首册内,挂下一二寸,依書厚薄爲之,上寫書卷名數,角用小圖章。已上書目,如此編寫,可以無遺而有條目矣。

第七則　收藏

收藏書籍,不獨安置得法,全要時常檢點開看,乃爲妙也。若安置雖妥,棄置不管,無不遺誤。至於書櫃,須用江西杉木,或川柏、銀杏木爲之,紫檀、花梨小木,易於泛潮，不可用。做一封書式，樸素、精雅兼備爲妙，請名手集唐句刻於櫃門上，用白銅包角，裝訂不用花紋，以雅爲主，可分可竝。趁屋高下，置於樓上。四面窗槅，須要透風，窗小槅〔一四〕大，樓門堅實，鎖要緊密，式要精工。銷匙上挂小方牌，或牙或香。將經、史、子、集、釋、道字刻於正面，字外用圓綫嵌紅色，字嵌藍色，傍刻某字號、第某書櫃，嵌緑色，下刻小圈，中反面寫宋刻、元刻、明刻、舊鈔、精鈔、新鈔等名色爲記。古有石倉，藏書最好，可無火患而且堅久，今亦鮮能爲之，惟造書樓藏書。四圍石砌風牆，照徽州庫樓式乃善。不能如此，須另置一宅，將書分新、舊、鈔、刻，各置一室，封鎖匙鑰，歸一〔一五〕經管。每一書室，一人經理，小心火燭，不致遺失，亦可收藏。若來往多門，曠野之所，或近城市，又無空地，接連内室、廚竈、衙署之地，則不可藏書，而卑濕之地不待言矣。藏書斷不可用套，常開看則不蛀。櫃頂用皂角炒爲末，研細鋪一層，永無鼠耗。恐有白蟻，用炭屑、石灰、鍋繡鋪地，則無蟻。櫃内置春畫、辟蠹石，可辟蠹魚，供血經於中，以辟火。書放〔一六〕櫃中或架上，俱不可竝，宜分開寸許，放後亦不可放足。書要透風，則不蛀不霉。書架宜雅而精，樸素者佳，下隔要高，四柱略粗，不可太狹，亦不可太闊，約放書二百本爲率。安置書架，勿於近窗竝壁之處。案頭之書，三日一整，方不錯亂。收藏之法，惟此爲善也。

第八則　曝書

曝書須在伏天，照櫃數目，挨次曬，一櫃一日。曬書用板四塊，二尺闊，一丈五六尺長。高櫈擱起，放日中，將書腦放上面，兩面翻曬，不用收起。連板櫈風口涼透，方可上樓，遇雨櫈板連書入屋内擱起，最便。攤書板上，須要早涼，恐汗手拏書，沾有痕迹。收放入櫃亦然，入櫃亦須早，照櫃門書單點進，不致錯混。倘有該裝訂之書，即記出書名，以便檢點收拾。曝書，秋初亦可，漢唐時有曝書會，後鮮有繼其事者。余每慕之，而更望同志者之效法前人也。

《藏書記要》，壬子夏，金心山先生所贈。余素有書癖，而力不逮，後人有志於此，觀此八則，庶不負徒有插架之名也。嘉平十一日，謙識。

校勘記

〔一〕「一」，零拾本脱。

〔二〕「章」，零拾本作「羅」。
〔三〕注爲零拾本繆荃孫案語，下同，不再出校。
〔四〕零拾本「經籍攷」在「讀書志」下，「志書」作「府州縣志書内」。
〔五〕「經」，原作「書」，據零拾本改。
〔六〕「將」，據零拾本補。
〔七〕「劃」，零拾本作「畫」，下同。
〔八〕「翻」，零拾本作「繙」。
〔九〕「紀」，零拾本作「代」。
〔一〇〕「僅」，零拾本作「厪」，下同。
〔一一〕「綢」，零拾本作「紬」。
〔一二〕零拾本「識」下衍「者」字。
〔一三〕零拾本「後」下衍「有」字。
〔一四〕「須要……小儒」，零拾本脱。
〔一五〕「一」，零拾本脱。
〔一六〕「放」，零拾本訛作「於」。

藏書記要附録

士禮居叢書本黄蕘圃跋

孫慶增所藏書，余家收得不下數十種，其所著述，未之聞也。此《藏書紀要》，言之甚詳且備，蓋亦真知篤好者。余得諸郡中陳氏，陳固得於金心山，心山爲文瑞樓後人，所傳授必有自矣。余因是書所紀藏書之要，皆先我而言之者，遂付梓以行。適晤錢唐何夢華，云是書本附於《文瑞樓書目》後，今書目已刊行，而此猶缺焉，其刻之宜急也。孫公去世未遠，周丈香嚴幼年曾見之，時已七旬餘，兼善醫術，其所藏書鈐尾一印曰「得者寶之」，殆守人亡人得之訓者邪。秘本不敢自私，當公諸同好，吾刻此書，亦猶斯意云爾。嘉慶辛未冬季月望前一日，黄丕烈識。

昭代叢書本楊復吉跋

前明祁曠園參政《澹生堂藏書約》，其論聚書、購書、鑒書之法，至詳且悉，而尤拳拳於守之弗失爲念。然考之《静志居詩話》則云：「亂後，祁氏所儲，已盡流轉於姚江禦兒之閒。」今黄蕘圃新刊孫氏《藏書紀要》，亦言之津津，而原跋云：「余家收得孫慶增書不下數十種。」則其書之放失久矣。凡物有聚必有散，而聚之難，散之易，書爲尤甚。校閲之下，不禁三歎。壬申季秋，震澤楊復吉識。

藕香零拾本繆荃孫跋

右《藏書紀要》一卷，孫慶增撰。慶增字從添，一字石芝，常熟人，性嗜書，兼收藏、賞鑑兩家。所記皆甘苦之言，益人識見不少。原書係黄蕘圃刻入《士禮居叢書》，癸未從長沙袁漱六前輩所藏得一鈔本，頗勝黄刻，爰即校定付梓。按明屠赤水《考槃遺事》，有論宋版一則云：「論藏書以爲資博洽，爲丈夫子生平第一要事。宋元刻書，雕鏤不苟，校閲不訛，書寫肥細有則，印刷清朗，況多奇書，未經後人重刻，惜不多見。佛氏、醫家二類更富，然醫方一字差訛，其害匪輕。故以宋刻爲善。宋人之書，紙堅刻輭，字畫如寫，格用單邊，閒多諱字，用墨稀薄，雖著水經燥無湮跡，開卷一種書香，自生異味。元刻仿宋單邊，字畫不分粗細，較宋邊條闊多一綫，紙鬆刻硬，用墨穢濁，中無諱字，開卷了無臭味。有種官券殘紙背印，更惡。宋板書以活襯紙爲佳，而蠶繭紙、鵠白紙、藤紙固美，而存遺不廣。若餬背宋書，則不佳矣。余見宋刻大板《漢書》，不惟内紙堅白，每本用澄心堂紙數幅爲副，今歸吴中，真不可得。又若宋板遺在元印，或元補欠缺，時人執爲宋刻。元板遺在國初補欠，人亦執爲元刻。然而以元補宋，其去猶未易辨。以國初補元，内有單邊、雙邊之異，且字刻迥然别矣。若國初慎獨齋刻書，似亦精美。近日作假宋板書，特鈔微黄厚實竹紙，或用川中繭紙，或用餬扇方簾緜紙，或用孩兒白鹿紙，筒卷，用槌細敲過，名之曰刮，以墨浸去臭味印成。或將新刻板中殘缺一二要處，或濕黴三五張，破碎重補，或改刻開卷一二序文年號，或貼過今人注刻名字，留空小印，將宋人姓氏扣填兩頭角處。或用砂石磨去一角，或作一二缺痕，以鐙火燎去紙毛，仍用草煙薰黄，儼狀古人傷殘舊跡。或置蛀米櫃中，令蟲蝕作透漏蛀孔。或以鐵綫燒紅錐書本子，委曲成眼，一二轉折，種種與新不同。用紙裝襯，綾錦套殼，入手重實，光膩可觀，初非今書，彷彿以惑售者。或札夥囤，令人先聲指爲故家某姓所遺。百計蠱人，莫可窺測。多混名家，收藏者當具真眼辨證。」案高深甫《燕閒清賞牋》一則，與此大略相同，謹附於後，以備好書家之采擇云。光緒丙申重陽，江陰繆荃孫識。

按，宋王禹偁《小畜集》影宋鈔本，有紹興十七年校刊開列紙墨工價云：「今得舊本計一十六萬三千八百四十八字，一部共八册，計五百三十二板，書紙并副板五百四十八張，表背碧青紙共一十一張，大紙八張，共錢二百六文足，賃板棕墨錢五百文足，裝印工食錢四百三十文足，除印書紙外，共計錢一貫一百三十六文足，見成出賣，每部錢五貫文省。」按此知南宋錢法行用，有足與省之分，但未詳省之視足，相去幾何耳。又馮時行《縉雲集》附《重慶府推官李璽呈四川巡按文書》，略曰：「本府所屬璧山縣，宋有馮縉雲先生，名時行，字當可，經明行修，嘉熙間登狀元第，初宰丹稜，有政績名。入忤權奸，坐貶，復出守，竟持節以死。嘗居璧邑北縉雲山中，因別號縉雲，著書立言，授徒講學，而書院至今尚存。又有《縉雲文集》行於世。迨後胤嗣落寞，世代兵燹，而此集竟失其傳。又訪鄉少參劉培菴，鈔録舊本五十五卷，共計四百餘板，但其原未删正，多散佚不全。又復呈蒙兵備張僉事、李命官校選，凡得詩文之有關繫而精且粹者一十八卷，計一百四十板，估計買板、刊匠工食，共該白銀九兩八錢，將原發該縣貯庫無礙贓罰官錢，動支翻刻。」又唐《李長吉詩》，明弘治壬戌寧國刻本，開卷有製書雅意四則：一紙用清水京文古干，或太史連方稱；一印用方氏徽墨、孫氏京墨，凡墨弗用；一穀用月白雲綾紙、厚青絹，椒表陰乾；一裁用利刀，光用細石，俱付良工。右三則，宋人印書紙工墨價與今仿佛，但流傳於世者，無不精妙，不似今之粗率。明人刻工最輕，製書雅意，在有明中葉，尚屬講求，末造則不及矣。荃孫再識。

流通古書約

〔清〕曹溶 撰

流通古書約

自宋以來，書目十有餘種，燦然可觀。按實求之，其書十不存四五，非盡久遠散佚也。不善藏者，護惜所有，以獨得爲可矜，以公諸世爲失策也。故入常人手，猶有傳觀之望。一歸藏書家，無不綈錦爲衣，旃檀作室，扃鑰以爲常。有問焉則答無，有舉世曾不得寓目，雖使人致疑於散佚，不足怪矣。近來雕板盛行，煙煤塞眼，挾貲入賈肆，可立致數萬卷。於中求未見籍，如采玉深厓，旦夕莫覬。當念古人竭一生辛力，辛苦成書，大不易事。渺渺千百歲，崎嶇兵攘刼奪之餘，僅而獲免，可稱至幸。又幸而遇賞音者，知蓄之珍之，謂當繡梓通行，否亦廣諸好事。何計不出此，使單行之本，寄篋笥爲命，稍不致愼，形蹤永絶，祇以空名掛目録中，自非與古人深仇重怨，不應若爾。然其間有不當專罪吝惜者，時賢解借書，不解還書，改一瓻爲一癡，見之往記，即不乏忠信自秉、然諾不欺之流。書既出門，舟車道路，摇摇莫定，或僮僕狼籍，或水火告災，時出意料之外。不借未可盡非，特我不借人，人亦決不借我，封己守株，縱累歲月，無所增益，收藏者何取焉？予今酌一簡便法，彼此藏書家，各就觀目録，標出所缺者，先經注，次史逸，次文集，次雜説。視所著門類同，時代先後同，卷帙多寡同，約定有無相易，則主人自命門下之役，精工繕寫，較對無誤，一兩月間，各齎所鈔互換。此法有數善：好書不出户庭也，有功於古人也，己所藏日以富也，楚南、燕北皆可行也。敬告同志，鑒而聽許。或曰：此貧者事也，有力者不然。但節謙遊玩好諸費，可以成就古人，與之續命，出未經刊佈者，壽之棗梨。始小本，訖鉅編，漸次恢擴，四方必有聞風接響，以表章散帙爲身任者。山潛塚秘，羡衍人間，甚或出十餘種目録外。嗜奇之子，因之覃精力學，充拓見聞。右文之代，宜有此禎祥，予矯首跂足俟之矣。倦圃老人曹溶約。

右《流通古書約》一卷，曹溶撰。按溶字潔躬，又字秋岳，號倦圃，浙江秀水人。明崇禎丁丑進士，仕至御史。入國朝，歷户部侍郎，出爲廣東布政使，左遷陽和道。《池北偶談》云：秋岳好收藏宋元人文集，有《静惕堂書目》，所載宋集，自柳開《河東集》以下凡一百八十家，元集自耶律楚材《湛然集》以下凡一百十有五家，可謂富矣。此約刻於《知不足齋叢書》，爲流通古書剏一良法。藏書家能守此法，則單刻爲千百化身，可以不至湮滅，尤爲善計。荃孫官京師，一鉅公藏父執手稾，珍重而篋藏之，有叩之者，則曰：書固存也，欲刻久矣。有借録者，則曰：刻必貽君，何不省此一鈔乎？有欲爲之刻者，則曰：我之責，不能諉諸人也。迨鉅公殁，而書卒不傳。其心非不知寶愛，而無計流通，終至湮滅，不且如倦圃之誚哉？爲之一歎。光緒丙申九秋，江陰繆荃孫識。

古歡社約

〔清〕丁雄飛 撰

古歡社約

黄子俞郃，海鶴先生次郎也。先生文壇伊吕，藏書甲金陵。俞郃生時，先生將七十，從錦褓中，便薰以詩書之氣。年未二十，而問無不知，知無不舉其精義。今且多方搜羅，逢人便問，吟詠聲達窗外。每至予心太平庵，見盈架滿牀，色勃勃動，知其心癢神飛，殆若汝陽之道逢麴車者。但黄居馬路，予棲龍潭，相去十餘里，晤對爲艱。如俞郃者，安可不時時語言，取古人之精神而生活之也。盡一日之陰，探千古之秘，或彼藏我闕，或彼闕我藏，互相質證，當有發明。此天下最快心事，俞郃當亦踴躍趨事矣。因立約如左。

每月十三日丁至黄。　二十六日黄至丁。

爲日已訂，先期不約。

要務有妨則預辭。

不入他友，恐涉應酬，兼妨檢閲。

到時果核六器，茶不計。

午後，飯一葷一蔬，不及酒。踰額者，奪異書示罰。

輿從每名給錢三十文，不過三人。

借書不得踰半月。

還書不得託人轉致。

右古歡社約一卷，丁雄飛撰。雄飛字菡生，江浦人，居烏龍潭上山水最佳處，取陸放翁語名之曰「心太平庵」。積書數萬卷，尤多秘本，有《古今書目》七卷。黄虞稷，字俞邰，晉江人。居江寧，諸生，薦修《明史》《一統志》，官翰林院檢討，有《千頃堂書目》三十二卷。此約最爲簡便，同志共讀書者，可取以爲法。黄目傳，丁目不傳，亦有幸有不幸。丁有《烏龍潭竹枝詞》云：一帀潭邊三里多，儂家亭館緑陰窩。三更鐙火寂如許，猶有書聲出薜蘿。　主人世事盡情删，慣在黄鸝白鷺閒。日出呼童理香茗，殘鐙猶戀杏花灣。　遍地藤蘿罩短牆，行行徑徑可徜徉。閒從有叟堂庵中堂名中過，飽飫清芬道味長。　釣竿收起倚書牀，春草灘邊小閣涼。鷺去鷺絲波萬疊，浣衣帶有芰荷香。讀數詩猶可想見此老之豪情勝概矣。辛丑重九江陰繆荃孫識。

《曝書雜記》云：梅會里李敬堂先生示學徒讀書法，欲舉讀《困學紀聞》會課，謂十人爲朋，人出朱提十銖，各置一部，丹黄手糅，墨守如心，編爲卷。二十日覽卷之半，約十五葉，四十日而畢功。每五日一會，持錢治餐具，如文課，人出五條問對，似射覆、似帖經，疾書格紙，俟甲乙既畢，互勘詰難，以徵得失。一會得五十條，十會得五百條，不洋洋乎大觀也哉？其書簡而愈精，其功約而愈博，不出數寸，不踰百日，而得學問之總龜，古今之元鑑。夫亦何憚而不爲也？荃孫附録於此，以志前輩讀書之能事，願與勤學者共勉之。

藏書十約

〔清〕葉德輝　撰

藏書十約序

國初，孫慶增著《藏書紀要》，詳論購書之法與藏書之宜，以及宋刻名抄，何者爲精，何者爲劣。指陳得失，語重心長，洵收藏之指南，而汲古之修綆也。惟其時距元明相近，流寇之亂未遍東南。甲乙鼎革之交，名山故家所藏亦未全遭蹂躪。今自洪楊亂後，江浙文物之會，圖籍蕩焉無存。好事者相與收拾于劫燹之餘，有用之書，猶幸多存副本，所失者文集、説部小數而已。乾嘉諸儒，相務表揚幽潛，凡古書之稍有益者，無不校刻行世。然疊更喪亂，板刻多燬，印本漸稀。余按四部目，搜求三十年，僅乃足用。而宋、元、明、國朝諸家文集，缺者頗多。日本一耆宿藏我國順康以至嘉道文集極多，有清詩萬卷樓之目，蓬萊、方丈，望若仙居，惜哉不能越海飛渡也。夫在今日言收藏，不獨異于孫氏之世，且異于乾嘉之世，半生心力，累萬巨貲，所得如此，則其甘苦不可以不示人。每思古人有節衣縮食，竭力營求，雨夕風晨，手抄甚苦者，余幸所處優裕，又無嗜好縈擾于心，雖未能鼓腹而嬉游，亦未嘗過屠門而大嚼。又思古人有豪奪巧取，久假不歸，朋舊因而絶交，童僕見而引避者，余幸達觀隨化，鷹隼無猜，借非荆州，樂同南面，是皆足以自慰也。頃者山居避難，編目始告成，因舉歷年之見聞，證以閲歷之所得，述爲十約，以代家書。子孫守之、去之，余固不暇計矣。辛亥冬至前一日，葉德輝序。

藏書十約

購置一

置書先經部，次史部，次叢書。經先十三經，史先二十四史，叢書先其種類多、校刻精者。初置書時，豈能四部完備，于此入手，方不至誤入歧途。宋元刻本、舊抄名校，一時不能坐致，尋常官板、局板，每恨校勘不精。今有簡易之法，尚不近于濫收。經有明南監本，皆雜凑宋監、元學諸刻而成，其書亦尚易覯。而北監本、毛晉汲古閣本次之。此板之舊者，爲乾嘉以前學者通用之書。官刻有武英殿本爲最佳，廣東翻刻則未善。嘉慶末年，阮文達元以家藏宋元本注疏及單注、單疏合校，刻于南昌府學，凡諸刻文字之異同，各爲校勘記附後，而于書中文字異同之處，旁刻墨圈識之，依圈以檢校勘，讀一本而衆本皆具，此在宋岳珂刊《九經三傳例》外，别開一徑，啓人神悟，莫善于斯。後來各省繙刻，盡去其圈，實爲乖謬，刻一書而一書廢，寧可闕如，不可取以充數也。史亦以明南監二十一史爲善，其板亦雜凑宋監、元路諸本而成，惟其板自明以來遞有補修，國朝嘉慶時，其板尚在江寧藩庫。明正德時印本，補板尚少，難得其全。嘉靖、萬曆後，修板多，諸生罰項爲之，最爲草率，而北監本之脱誤，尤爲荒唐。明沈德符《野獲編》云：諸史校對，鹵莽訛錯轉多，至于遼、金諸史，缺文動至數葉，俱仍其脱簡接刻，文理多不相續，即謂災木可也。毛晉汲古閣僅刻十七史，中有據宋本重雕者，惜亦不全。或以邵經邦《弘簡録》續之，究屬不類。故南監本外，則以武英殿刻本爲完全。當時館臣校刊，多據宋刻善本，又處分頗嚴，故訛誤遂少。若得明南監正德前後本，則宜以明聞人詮刻《舊唐書》、武英殿活字聚珍本《舊五代》、康熙原修《明史》，配合以成全書，不宜以尋常習見之本羼入也。叢書則明弘治間華珵重印宋左圭《百川學海》、程榮《漢魏叢書》、毛晉《津逮秘書》、武英殿《聚珍板叢書》、福州、江西、浙江均有重刻，福州最全，浙刻最少。及今訪求殿印原本，尚不甚難。鮑廷博《知不足齋叢書》、潘仕誠《海山仙館叢書》、伍崇曜《粤雅堂叢書》，其書多而且精，足資博覽。俟有餘力，徐求他刻叢書及單行善本、舊刻名抄。于是次第收藏，舉古今四部之書皆爲我有矣。

鑒別二

四部備矣，當知鑒別。鑒別之道，必先自通知目録始。目録以《欽定四庫全書總目提要》、阮文達元《揅經室外集》即《四庫未收書目》，兹從全集原名爲途徑。不通目録，不知古書之存亡。不知古書之存亡，一切僞撰抄撮、張冠李戴之書，雜然濫收，淆亂耳目，此目録之學所以必時時勤考也。欲知板刻之良否，前有錢曾《讀書敏求記》，所見古子雜家，足資多識，而于刊刻年月、行格、字數，語焉不詳。惟張金吾《愛日精廬藏書志》、黄丕烈《士禮居題跋記》以下，近有聊城楊紹合海源閣《楹書隅録》、常熟瞿鏞《鐵琴銅劍樓書目》、仁和丁丙《善本書室藏書志》、歸安陸心源《皕宋樓藏書志》，張、瞿、丁、陸四家之目，全抄各書序跋，最足以資考據。所謂海内四大藏書家者。又有揭陽丁日昌《持静齋書目》、日本森立之《經籍訪古志》，宜都楊守敬刻有《日本訪書志》《留真譜》二書，備參考，不盡可據。此數家者，皆聚乾嘉諸老之精華，收咸豐兵燹之餘燼，雖宋槧名抄，不免一網打盡。然同時傳校之本及北方故家百年未出之書，如劍氣珠光，時時騰躍。余藏子、集兩部，多得之商邱宋氏、諸城劉氏，故諸家志目雖不能供我漁獵之資,而實藏書家不可少之郵表也。至于國朝諸儒校刻善本,罕有列于目者。然孫星衍《祠堂書目》,時亦載之;倪模《江上雲林閣書目》、丁日昌《持静齋書目》,所載漸夥。近人張文襄之洞《書目答問》,則專載時刻,便于讀者購求,依類收藏,可無遺珠之憾。最要者,無論經、史、子、集,但係仿宋元舊刻,必爲古雅之書。或其書有國朝考據諸儒序跋、題詞,其書亦必精善。明刻仿宋元者爲上,重刻宋元者次之,有評閲者陋,有圈點者尤陋。閔齊伋、凌濛初兩家所刻朱墨套印子、集各書,亦有評語圈點,而集部尚佳。抄本有元抄、明抄之分,有藍格、緑格、朱絲闌、烏絲闌之别,且有已校、未校之高低。元抄多薄繭,明抄多棉宣,元抄多古致,明抄多俗書。此就傭書者言之,名人手抄,則一朝有一朝之字體,一時有一時之風氣,明眼人自能辨之。證以書中避諱,始于某帝,終于何時,尤易辨别。金元刻本、北宋膠泥活字本均不避諱,重刻宋本多存舊諱,則以紙墨定之。有經名人手抄、手校者,貴重尤過于宋元。有名人收藏印記者,非當時孤本,即希見之書。此類爲楊、瞿、丁、陸所未見者尚多,書攤廟集,時一遇之,是在有心人之勤于物色而已。

裝潢三

書不裝潢則破葉斷綫，觸手可厭。余每得一書，即付匠人裝飾，今日得之，今日裝之，則不至積久意懶，聽其叢亂。裝釘不在華麗，但取堅緻整齊。面紙以細紋宣紙染古銅色，内褾以雲南薄皮紙，釘時書面内襯以單宣或汀貢，汀州所造，竹料厚者。或潔净官堆，或仍留原書面未損者。本宜厚，不宜薄，釘以雙絲綫。書内破損處，覓合色舊紙補綴。上下短者，以紙襯底一層，無書處襯兩層，則書裝成不至有中凸、上下低之病。書背逼至釘綫處者，亦襯紙如之。襯紙之處鑽小孔，一孔在襯紙，一孔在原書之邊，以日本薄繭紙捻條，騎縫跨釘，而後外護以面紙，再加綫釘，綫孔佔邊分許，而全得力于紙捻。日久綫斷，而葉不散，是爲保留古書之妙法。斷不可用蝴蝶裝及包背本，蝴蝶裝如褾帖，糊多生霉而引蟲傷；包背如藍皮書，紙豈能如皮之堅韌，此不必邯鄲學步者也。蝴蝶裝雖出於宋，而宋本百無一二。包背本，明時間有之，究非通用之品。家中存一二部以考古式，藉廣見聞。然必原裝始可貴，若新仿之，既費匠工，又不如綫裝之經久，至無謂也。北方書喜包角，南方殊不相宜。包角不透風，則生蟲；糊氣三五年尚在，則引鼠。余北來之書，悉受其害。又北方多用紙糊布匣，南方則易含潮，用夾板夾之最妥。夾板以梓木、楠木爲貴，不生蟲，不走性，其質堅而輕。花梨、棗木次之，微嫌其重。其他皆不可用。二十年前，余書夾多用樟木，至今生粉蟲，無一部不更换，始悔當時考究之未精。宋元舊刻及精抄、精校，以檀木、楠木爲匣襲之，匣頭鐫刻書名、撰人，宜于篆、隸二體。夾板繫帶，邊孔須離邊二分，其上下則準書之大小，如書長一尺，帶離上下約二寸，以此類推，指示匠人遵守勿失。蓋離上下過近，則眉短腹長，離上下過遠，則頭足空而不著力，此亦裝訂時所宜講求者也。裝訂之後，隨時書邊，書名、撰人、刊刻時代，不可省字，以便檢尋。凡作書論行氣，此爲横看，一本分列有横行，數本合并有直行，雖善書者不知其訣，則不如覓梓人之工宋體字者書之，校爲清朗入目也。

陳列四

編列書籍，經爲一類，史爲一類，子爲一類，集爲一類，叢書爲一類，其餘宋元舊刻、精校名抄别爲一類。單本一二卷者，袖珍、巾箱長不及五寸，大本過尺許者，以别橱庋之。單本、小本之橱，其中間以直格，寬窄不一，再間以横格，高二三寸或四五寸不等，横格皆用活板，以便隨時抽放。叢書類，少者一部佔一櫥，多者一部佔二櫥、三櫥不等。由上至下，以三櫥爲一連櫥，寬工部尺一尺八寸，高二尺，每櫥列書三行，合三櫥一連，高六尺，并坐架一尺二寸，共七尺二寸，取閲時不至有伸手之勞。列書依撰人時代，亦以門户相聚，如十子、七子、五子、三家、四家、八家之類，皆銜接相承，則易于查閲。又如總集，有以元、明、國朝人選集唐宋者，有以國朝人選録三代、秦汉、魏晉人者，仍以詩文時代爲衡，不論撰人之先後，其專詩專文各以類從，不使淩雜。至都會郡邑之詩文總集，依省次列之。欽定之書，冠于國朝之首。大抵陳列之次，不必與目録相同，諸史志尚有以類相排比者，固未嘗拘拘于時代也。釋、道二藏，本自有目。遠西各國藝學、宗教，自明以來連床塞屋，錢謙益《絳雲樓書目》以西書爲一類，四庫則附之雜家、雜學。今中外交通，箸述日衆，繙譯之作，家數紛歧，宜并釋藏，别室儲之，不復繩以四部之例。惟道家斷自隋唐，次于諸子。以古之道家，非宋之道流，其習不同，其書究有别也。陳列既定，按櫥編一草目，載明某書在某櫥，遇有增省，隨時注改，體例視正目有殊，明《文淵閣書目》蓋已先爲之矣。

抄補五

舊書往往多短卷，多缺葉，必覓同刻之本影抄補全。或無同本，則取別本，覓傭書者録一底本，俟遇原本，徐圖换抄，庶免殘形之憾。若遇零編斷册，尤宜留心，往往有多年短缺之卷，一旦珠還合浦，仍爲一家眷屬者。然此在明刻、國朝人所刻則有之；若宋元刻本，乃希遇之事。前人不得已而集百衲本，亦慰情聊勝于無耳。凡書經手自抄配者最佳，出自傭書之手，必再三覆校方可無誤。已抄之書則人校之，人抄之書則己校之，多一人寓目，必多校出二三處誤字脱文。經史更不得草率，一字千金，湝後人多少聚訟，豈非絶大功德哉！凡抄補之卷，苟其書不必影寫，當依原書行格，刻一印板，所費不過千文。抄者既有範圍，可以隨寫隨校，如某行某字起，至某字止，一行抄畢，訛脱朗然，省事惜陰，覆校亦易。使抄而不校，校而不精，不如聽其短缺，尚不至魚目混珠也。傭書人未有能爲唐人碑志體者，無已，取其無破體、無俗字者。破體俗字，令校者不改不能，遍改不盡，至爲眼花，敗興之事，余受此厄多矣。

傳録六

士生宋元以後，讀書之福遠過古人。生國朝乾嘉後者，尤爲厚福。五代、北宋之間，經史正書，鮮有刻本，非有大力者，不可言收藏。既有刻本，又不能類聚一處，即有大力搜求，亦非易事。古人以窺中秘、讀老氏藏爲榮幸者，今則有貲，一日可獲數大部。國朝諸儒，勤搜古書，于四部之藏，十刻七八。僅宋元明人集，未得刻盡，究爲不急之書。至于日本卷子、唐抄，中原故家久藏秘笈，其爲乾嘉諸儒未見之足本、不傳之孤本，以及秦、晉、齊、魯發地之古器、古物，好事者繪圖釋義，箸爲成書，既日出而不窮，亦石印之簡便。居今日而言收藏，可以坐致百城，琳瑯滿室矣。而猶有待于傳録者，蓋其書或僅有抄本，不能常留，過目易忘，未存副録，校刻則有不給，久假復不近情，惟有彼此借抄，可獲分身之術。傳録之法，多倩傭書者，以別舍處之，以工貲計，湘省最廉，善書者一日可書五千字，凡字一千不過七八十文內外，若至百文一千，則謀者蠅集矣。故抄一書，字至十萬，僅費錢七八十，較之千金買《漢書》，貂裘賄侍史，其廉爲何如耶？抄寫之紙，以日本、高麗細繭紙爲上，其紙吸墨而滑筆，但使寫手輕勻，易于增色。其次，中國之潔淨花胚。即官堆之高者。杭連雖白，至爲不佳，墨乾則筆澀，墨濕則字毛，一遇積霉或沾鼠溺，則腐碎不可觸手。此余二十年所親歷，故能言其害也。

校勘七

書不校勘，不如不讀。校勘之功，厥善有八：習静養心，除煩斷欲，獨居無俚，萬慮俱消，一善也；有功古人，津逮後學，奇文獨賞，疑竇忽開，二善也；日日翻檢，不生潮霉，蠹魚蛀蟲，應手拂去，三善也；校成一書，傳之後世，我之名字，附驥以行，四善也；中年善忘，恒苦搜索，一經手校，可閱數年，五善也；典制名物，記問日增，類事撰文，俯拾即是，六善也；長夏破睡，嚴冬禦寒，廢寢忘餐，難境易過，七善也；校書日多，源流益習，出門採訪，如馬識途，八善也。具此八善，較之古人臨池仿帖、訓愿寫經，孰得孰失，殆有霄壤之異矣。顧知校書之善矣，而不得校之之法，是猶涉巨川而忘舟楫，游名山而無籃輿，終歸無濟而已矣。今試言其法，曰死校，曰活校。死校者，據此本以校彼本，一行幾字，鈎乙如其書，一點一畫，照録而不改，雖有誤字，必存原文，顧千里廣圻、黄蕘圃丕烈所刻之書，是也。活校者，以羣書所引，改其誤字，補其闕文，又或錯舉他刻，擇善而從，别爲叢書，板歸一式，盧抱經文弨、孫淵如星衍所刻之書，是也。斯二者，非國朝校勘家刻書之秘傳，實兩漢經師解經之家法。鄭康成注《周禮》，取故書杜子春諸本，録其字而不改其文，此死校也。劉向校録中書，多所更定；許慎撰《五經異義》，自爲折衷，此活校也。其後隋陸德明撰《經典釋文》，臚載異本，岳珂刻《九經三傳》，抉擇衆長，一死校，一活校也。明乎此，不僅獲校書之奇功，抑亦得箸書之捷徑也已。

題跋八

凡書經校過，及新得異本，必繫以題跋，方爲不負此書。或論其箸述之指要，或考其抄刻之源流，其派别蓋有數家焉。論箸述之指要者，記敘撰人時代、仕履，及其成書之年月，箸書中之大略，宋晁公武《郡齋讀書志》、陳振孫《直齋書録解題》二家之目，是也。辨論一書之是非與作者之得失，如吾家宋石林公《過庭録》、引見元馬端臨《文獻通考·經籍》。明王世貞《讀書後》，二家之書是也。王士禛《香祖筆記》七，遯園居士言金陵盛仲交家多藏書，書前後副葉上必有字，或記書所從來，或紀他事，往往盈幅皆有鈐印。常熟趙定宇少宰閲《舊唐書》，每卷畢，必有硃字數行，或評史，或閲之日所遇某人某事，一一書之。馮具區校刻監本諸史，卷後亦然，并以入梓。前輩讀書，游泳賞味處，可以想見，此語良然。然予所見劉欽謨昌家官河南督學時所刻《中州文表》，每卷亦然。予勸宋牧仲開府重刻《文表》及《梁園風雅》二書，且云欽謨諸跋當悉刻之，以存其舊，亦遯園先生之意。又嘗觀袁中郎所刻《宗鏡摘録》，亦復如是。弇州先生《讀書後》，同此意也。其合二義以兼用之，斯則《四庫全書提要》之所本也。若夫考抄刻之源流者，官、監、書棚，流傳有緒，毛抄、錢借，授受必詳。則錢曾《讀書敏求記》、何焯《義門讀書記》，實導其源。至孫星衍《平津館藏書記》、《廉石居書籍題跋記》、黄丕烈《士禮居藏書題跋記》，專記宋元板之行字、新舊抄之異同，蓋從錢、何二家益暢其流以趨于别徑者也。道咸間，錢熙祚《守山閣叢書》、伍崇曜《粤雅堂叢書》，一書刻成，必附一跋，斯由《四庫提要》而變其例者也。綜稽衆體，各有門庭。竊謂宜集諸家之長，以成一家之説。撰人仕籍，見于正史傳志者，不待詳言，如或正史未載，則博考羣籍以補之。而一書之宗旨始末，先挈其大綱，使覽者不待卷終可得其要領。其刻本之爲宋、爲元、爲仿宋、爲重刻，宋抄本之爲影寫、爲過録，以及收藏前人之姓名、印記，并仿《欽定天禄琳瑯》之例，詳稽志乘、私記，述爲美談，俾前賢抱殘守缺之苦心，不至書存而人泯滅。吾宗鞠裳編修昌熾，撰有《藏書紀要詩》六卷，于唐宋以來藏書家之姓名、印記，搜輯靡遺。得其書讀之，于斯道所資，功過半矣。

收藏九

藏書之所，宜高樓，宜寬敞之净室，宜高牆别院。與居宅相遠，室則宜近池水，引濕就下，潮不入書樓，宜四方開窗通風，兼引朝陽入室，遇東風生蟲之候，閉其東窗，窗櫥俱宜常開，樓居尤貴高敞，蓋天雨瓦濕，其潮氣更甚于室中也。列櫥之法，如寧波范氏天一閣式，四庫之文淵閣、浙江之文瀾閣，即仿爲之，其屋俱空楹，以書櫥排列，間作坎畫形，特有間壁耳。古人以七夕曝書，其法亦未盡善。南方七月，正值炎薰，烈日曝書，一嫌過于枯燥，一恐暴雨時至，驟不及防，且朝曝夕收，其熱非隔宿不退，若竟收放櫥内，數日熱力不消。不如八九月，秋高氣清，時正收斂，且有西風應節，藉可殺蟲，南北地氣不同，是不可不辨者也。春夏之交，宜時時清理，以防潮濕。四五月黄霉，或四時久雨不晴，則宜封閉。六七月以後，至冬盡春初，又宜厰開，橱下多置雄黄、石灰，可辟蟲蟻，橱内多放香烈殺蟲之藥品，古人以芸草，今則藥草多矣。肉桂香油，或嫌太貴，西洋藥水、藥粉，品多價廉，大可隨時收用。食物引鼠，不可存留，燈燭字簍引火之物，不可相近，絳雲樓之炬、武英殿之災，此太平時至可痛心之事也。閲過即時檢收，以免日久散亂。非有書可以互抄之友，不輕借抄。非真同志箸書之人，不輕借閲。舟車行笥，其書無副本者不得輕攜。遠客來觀，一主、一賓、一書童相隨，僕從不得叢入。藏書之室，不設寒具，不箸衣冠，清茗相詶，久談則邀入廳事。錢振筬注《義山文集》，每竊供用之書，京師書坊至今言之疾首。魏源借友人書則裁割其應抄者，以原書見還，日久始覺，不獨太傷雅道，抑亦心術不正之一端。凡此防範之嚴，所以去煩勞、消悔吝，正非借書一痴，還書一痴也。

印記十

藏書必有印記，宋本《孔子家語》，以有東坡折角玉印，其書遂價重連城。吾家明文莊公菉竹堂藏書，每抄一書，鈐以歷官關防，至今收藏家資以考證。名賢手澤，固足令人欽企也。然美人黥面，昔賢所譏，佛頭著糞，終爲不潔。曾見宋元舊刻，有爲書估僞造各家印記，以希善價者，有學究市賈，强作解事，以惡刻閒印鈐滿通卷者，此豈白璧之微瑕，實爲秦火之餘厄。今爲言印記之法，曰去閒文，曰尋隙處。何謂去閒文？姓名、表字、樓閣堂齋，于是二三印，一印四五字，足矣。金石書畫、漢瓦、漢塼、古泉之類，當别爲一印。今人收藏印，多有以姓字齋堂、一切藏器累累至數十字者，此亦何異于自作小傳哉？余見宋元人收藏書籍、碑帖、字畫，多止鈐用姓名，或二字别號、三字齋名，此正法也。明季山人墨客，始用閒章，浸淫至于士大夫相習而不知其俗，此最刺目之事。況印體自明文、何以後，流派滋多，二三十年不遇一作手。咸同以來，有鄧石如一派，其末流爲江湖游食之輩，而乾嘉時浙西六家之宗傳，久成絶響。故不得工于仿漢及善松雪、文、何體，不如不印，免至名蹟受污。藏家如黄丕烈「百宋一廛」，韓泰華「金石録十卷人家」，已覺體俗，何況其他乎。何謂尋隙處？凡書流傳愈久者，其藏書印愈多，朱紫縱横，幾無隙紙，是宜移于書眉、卷尾，以免齟齬。亦或視各印之大小，朱白間别用之，小印朱文重疊，尚無不可，若白文與大印聚于一行，則令閲者生厭矣。凡書有字處，朱文、白文俱不相宜，余藏抄本《續吴郡圖經》，原有董文敏戲鴻堂朱文方印，復經長白堇齋學士收藏，乃于董印上加蓋「長白敷槎氏」白文方印，學士爲曹子清通政寅外甥，淵源自正，而竟以特健藥之癡，爲此倒好嬉之事，是亦未尋隙處之過。余之藏書，多未鈐印，蓋慎之至也。

書藏四約

〔清〕梁鼎芬 撰

書藏四約

有書而不借，謂之鄙悋；借書而不還，謂之無恥。今之書藏，乃一府之公物，非一人之私有。與藏書家不同。不借不如不藏，不讀不如不借，務使人人保護、人人發憤，歷時既久，沾溉斯多。若許慈、胡潛莫相通借，是何人與？作借書約。

借書之期，以每月初二日、十二日、二十二日三日爲限。借書者是日清晨親到書藏攜取。用潔净布巾包好，徒手者不借。繳時放回原處，勿淩亂，勿皺摺。

借書之期，限以十日。如初一日借，十一日還。如過期不繳，記其姓名，後不復借。董事及掌書生徒私借者，斥退。

借書不得全帙攜取。五本爲一部者，許借一本。第一本讀畢，再借第二本。若一本爲一部者，許在書藏桌上翻閱，不得帶出。

凡書五本一部以上者，以四本爲限，不得多借。期止十日，易於終卷，一也。卷數無多，便於攜帶，二也。

凡借書，不得過三種。種數過多，難於查檢，且貪多則不實，好博則不專，非讀書有得之道。

污損卷面，罰令重訂破爛。遺失，罰令賠償。後不復借。董事、掌書生徒，徇情不究者，賠償斥退。

院長借書、繳書，均以期限。

地方官長不得借書。藏書所以餉寒士，官長力能自購，無取於此。公門轉折，事難弊雜，防不勝防，見與夏子新太守議定，來者勿訝。

各衙署幕友、官親不得借書。

各學教授等官不得借書。

監院不得借書。監院例以各學學官充當，至書藏一切事務，監院不得過問，以示限制。以上四條，董事、掌書生徒務當謹守，永遠勿違。

管理書藏之紳士及董事，許其借書，此外不借。如有好學紳士，未經管理書藏者欲借某種，可由見年董事轉借。有遺失等弊，惟董事是問。

掌書生徒、住院生徒，要認識掌書者，方許借書。無論有無正附課者，皆許其借書。在樓談笑，不得喧譁争競，有犯學規。

院外生徒有正附課者，許其借書，無課者不借。有課者借書時，記攜甄别卷來，方許借書。如有好學生徒，未經派出，掌書及無課者欲借某種，可由見年掌書生徒轉借，有遺失等弊，惟掌書生徒是問。

凡院内外生徒親來借書，董事及掌書生徒，皆是同鄉、同學，務當待之以禮，勿有難色，勿有慢詞。

書藏設簿寫記，按期查檢清楚，每月一换。借書寫記，要親筆，要楷書。

書藏門鑰，除每日清晨開門打掃、借書日期開門外，看守之人不得擅開。一切遊客，均不得藉詞登樓，攪亂書籍。如有此等弊端，惟看守之人是問。

守書之難，燬於火，散落於兵燹，亡於無信之友朋，敗壞、分售於不肖之子孫，雖以杜暹之家書、葉盛之銘辭，雲煙飄蕩，不可收拾。至若事繫一郡，力聚百人，公私不同，護惜較易。但使慎選學徒，嚴定條例，治若官事，勸懲在斯，此邦人士當所願受，作守書約。

每年書院值年，各紳士擬請每月十二日到書藏，同董事、掌書生徒查檢一回。

每年書院董事擬令兼掌書藏事，每月同掌書生徒八人查檢三回，年終送銀四兩。

每年擬派生徒八人掌書，每月同董事查檢三回，年終致送銀二兩。

每月初二日、十二日、二十二日，見年董事、掌書生徒，清晨親到書藏，查檢一回，勿曠廢，如無事偷嬾、託故不到之類。勿草率，如隨意翻檢、輕心抽疊之類。如遇父母疾病、自己疾病，及有他事屆期不到，準告假一回。請同學七人協理，至三次退出，另派一人接管。

每月初二日、十二日、二十二日，院内外生徒親來借書，董事、掌書生徒問明來借何種，是否應借之人，勿亂給，勿輕與。借書約各條，務當謹守。

每年年終，紳士同董事、掌書生徒查檢一回，彙報府署書籍無闕，候批出後，方行交替。每遇太守到任，請發告示一張，照見年夏太守告示式樣。

每年正月十二日，上年董事及掌書生徒，將書籍無闕府批及經手寫記各部交出，見年接辦，查檢一回，如有遺失等弊，即行追賠。徇情不究，聽其散失，惟接辦之董事、掌書生徒是問。

每年掌書生徒必須慎選，見年派定八人。陳鳳翔、劉作孚、許壽田、任光業、賴以承、江逢辰、廖佩瑄、楊壽昌。皆謹守嚮學之士，務當恪遵師訓，無使闕失。同學中如祝嘉祥、陳汝常、任兆蓉、黃如坪、廖佩珣、朱兆年、古開元、殷維熊、謝培芳、賴以和、譚天澤、曾蔚林、游錦泉、葉文經、黎兆祥、任鶴年、祝慶祥、陳佩銘、陳錫洪、梁光選、江鶴年、廖佩瑶、殷維翰、黄如塤、趙秉忠、廖佩璋、葉鼎基、韓汝慈、祝桂祥、蘇應奎、葉文瀾、曾兆熊，凡三十二人，均可掌書。即已派定，分年按次接管。如有事故，由董事按次傳知充補。五年，年轉換，不得出者，不得接管，以示慎選。

董事、掌書生徒皆是同鄉、同學，共事宜和洽，勿有戲言。宜矜慎，勿有情面。宜互相審察，勿近刻薄。宜互相儆惕，勿近嚣浮。

紳士、董事、掌書、借書生徒，有將書藏書籍不顧清議私行出售者，衆人鳴鼓攻出，勿稍畏却，勿稍瞻徇。防弊不得不嚴，諸子自愛，詎煩董戒。

南方卑濕，藏書宜樓。新建蘇祠，祠上築樓，分二層六間，初意欲一層，供欽定諸書，以尊朝廷。左經右史，一層庋叢書，子、集分布兩間。學子借閱，易於查檢。乃地勢未合，因改爲前一層。中列史部，左列經部，右列經史部。中、左兩間，安放未盡者。後一層中供欽定諸書，兩旁叢書，左房集部，右房子部。集部亦坿列焉。

得地既難，藏書尤不易，爲之搜采往説，博徵諺詞，法不厭詳，事必求實，作藏書約。

書箱布列，不可太密，宜疏行以通氣。大箱二箇一行，小箱三箇一行，取書方易。

箱脚擬用瓦器盛之，中藏石灰，可去濕，可避蟻。

每日清晨，看守書藏之人，開樓窗，開箱門。分行按次放在架外，勿亂。

日落時，一一關閉完密，不得誤忽。地方尤宜潔净，每遇雨後，須細看有無滲漏，有則速治。

每樓一層，置書架四箇，爲檢書、放書之用。并多置掃布等件。

每樓一層，置長木桌四張，爲檢書、曬書之用。有椅可坐，便於看書。

每年按季曬書一次。二月二十二日、五月二十二日、八月二十二日、十一月二十二日，均至二十五日。

曬書要擇晴日無風，要按次布曬，收時勿亂，要兩面翻。

曬曬涼透後，方可放回。有須重訂者，檢出存記，寄省重訂。

樓上禁食水煙。一切食物，并行禁止。雜亂桌几，污點籤帙，都不相宜。

晚間禁止上樓。燭燈要謹慎，晚間不能借書，不開樓門，鎖匙交看守之人管理。

院内牆壁，每生白蟻，最宜小心。凡安放書架，切勿近牆。

箱内書頭處有空地，易招鼠耗，小本書尤宜留心。

箱内易生蠹魚。用辟蠹散最好，否則用香烈之品，亦可防避。然總以人力爲主，能勤檢理，所勝多矣。

每格内放書不可太密，不可太高，密則難取，高則傴緊，易於皺折。

凡放書，每行末一本卷尾，最易抽壞，宜分二次放好，要齊整，勿忙急。

四部書籍，皆分列目録。查檢時，各手一本，按次清理。

外省書籍，多用布套、紙套，最易生蟲，切勿有此。

外省書籍，都非乾訂。如有捐書，未重訂者，寄省重訂。

每箱分列字號，每號先定三箱。如有續捐，係某部之書，即添入四號。以下雖數十號，亦可如此辦理。免致書滿易號，不合部居。

樓上兩廊可放書架，不宜皮箱，此處風日暄暴，易損書籍。

裝訂書籍，要粗珠綫乾訂，齊墨深色紙皮加丹反疊，方稱雅觀。書脚必要號字，易於查檢。以目校字，審其舛漏。

捐書之舉，剏自去夏，未及一年，箱逾二百，此誠諸子樂善，嘉惠來學。自兹以往，豈有窮期？區區之意，實欲推廣此事，日積日富，成一大觀。今將往端溪，未忍遽舍，人之欲善，誰不如我？後有好事，廣置卷軸，氣象雄闊，加於今時，是所殷望。

作捐書約。

凡捐書者，宋明元刻、手鈔、家刻、坊刻、局刻各種，均可捐入。

凡捐書者，書藏已有、未有各種，均可捐入。已有者不妨重複，如《十三經注疏》《資治通鑑》《宋元學案》諸書，多多益善。

凡捐書者，自一卷至十卷、百卷、千卷、萬卷，均可捐入。目録内載捐書一種者甚多。

凡願捐者，未曾購書，以書價捐入，交董事辦理。

凡捐貲者，自一錢至一兩、十兩、百兩、千兩，均可捐入。

凡願捐者，無論捐書、捐貲，交來時記寫姓氏爵里，以便刻印。

每書每本上蓋某人捐置木印。既免失落，且使諸生借觀某書，即知某君所捐。

每書第一卷卷内，上蓋「豐湖書藏」石印四字。凡卷内有此四字，願嗜書者、賣書者切勿購售，陰德無量。

凡外省、本省有捐書、捐貲者，請寄至惠州豐湖書院董事等點收。書在省城，重訂號字後寄院尤好，以省轉折。

凡本府有捐書、捐貲者，請到院面交董事點收。凡書必妥寄，省重訂號字，方好編目。有路遠未能到院者，移交同縣住院生徒轉致董事等亦可。

書藏之意，甚欲搜羅歷朝、國朝人文集，凡捐書者能加意此層，采書尤廣。自著文集均可捐入，董事、掌書生徒，須細加審閲，如人無可取，文亦平庸，切勿編目，捐書者當自知之。

凡捐書、捐貲者，無論自他處、本處寄院時，要取收條，以示信約。見刻木印，上書「某年某月某日收到某先生捐書幾種，捐貲若干，管理豐湖董事生徒同啟」字樣，來時記寫住址，庶易尋覓。外省者寫本省某處代收。

僕講學豐湖，刱建書藏，手訂四約，頗爲詳明，行之三年矣。今年高州諸生欲仿其法，請爲重刻，用成美舉。因書數語，以繫卷尾。戊子九月，廣雅書院院長梁鼎芬記。

藝 文 叢 刊

第 七 輯